FAITH一般的信

寄天國的生命師傅

范晉豪 著

謹以此書紀念沈宣仁教授

Faith一般的信——寄天國的生命師傅
作者／范晉豪
總編輯／馬鎮梅
責任編輯／吳蔚芹
封面・插圖／鄺志傑
美術設計／許智超
出版發行／突破出版社
香港沙田亞公角山路33號突破青年村
電話：2632 0000　傳真：2632 0388
電郵：breakthrough@breakthrough.org.hk
網址：http://www.breakthrough.org.hk
http://www.btproduct.com
承印／陽光印刷製本廠
2010年5月初版1刷
2014年9月初版2刷

Letters to Heavenly Mentor
by Fan Chun-ho Samson Jeremiah
First Printing, First Edition, May 2010
Second Printing, First Edition, September 2014

Printed in Hong Kong
ISBN 978-962-8996-89-6

本書經文取自《新標點和合本》及《現代中文譯本》，版權為香港聖經公會所有，承蒙允准採用，特此鳴謝。

誠邀閣下就突破出版社的書籍發表意見

歡迎加入突破書籍 Facebook page — http://www.facebook.com/btbooks.page

本書採用環保油墨印刷

在「**想**」和「**faith**」相會之處，開拓前行的方向……

目錄

葉序：永遠良師

常言道，「生命影響生命」。范晉豪牧師（Samson）以本書這十五封信，透過平實細緻的筆觸，從多個角度、按不同片段，描寫沈宣仁教授（Dr. Shen）對他的深遠影響。沈教授是學養淵博的教育家，擅長神學與哲學，通曉其他人文學科，對自然科學亦有涉獵。范牧師作為沈教授最後一位入室弟子，深入淺出地介紹老師所談及不同領域的學問及其學術脈絡，讓讀者得以更認識這位博學但作風低調的學者。他更把 Dr. Shen 生命的多方面，如摺紙的專長、看電影的投入、與他閒聊的片段、面對癌症的態度，以至預先安排自己的追思會等，立體地一一展現在讀者面前，讓人深入認識這位言傳與身教俱備的生命師傅。

Samson 誠邀作序，傳來書稿，每封信皆勾起心中陣陣思緒，懷念之情，久難平復，故覺舉筆維艱，因 Dr. Shen 亦是我的生命師傅，是我的神學啟蒙恩師，也是引導我踏上神學教研道路的關鍵人物。我在大學本科一年級時曾面對信仰衝擊。為了更好地認識信仰和思考信仰問題，便在二年級時到崇基選修 Dr. Shen 的「神學導論」。每次課堂皆令我眼界大開，原有的信仰思想面臨拆毀與重建，課後常常與一同選修該科的好友吳貴亨在崇基學生飯堂討論。我漸漸發覺 Dr. Shen 的精彩講課讓我學會以嶄新的角度思考信仰問題，使我豁然開朗，而我對神學的濃厚興趣亦油然而生。他在我的學期論文寫上表示欣賞的評語，並道：「我想你（遲早）應該讀神學吧？不論是否，都希望日後保持聯繫，讓我知道你在信仰思考上的進展。對各頁按語不明可與我討論。」

當時我是外系學生（新聞與傳播學系），竟得這位德高望重的教授（他當時為文學院院長）如此垂顧關懷和鼓勵，心裏實在感恩，自始遵從他在該評語的「吩咐」，間中找他傾談，向他請教，在四年級時亦選修了他任教的兩門系統神學科目。他的學養、品德、敬虔，令人肅然起敬；他教學的認真與熱誠也令我深深佩服。每一篇學生論文，他都閱讀兩三次，每次用不同顏色的筆批改，無論內文的論證、註釋的格式，以至標點符號的用法皆不放過。現在自己教書，更知道要如此認真批改同學的作業，必然耗用大量時間，這種認真的教學態度在當時已殊不簡單，在現今主要以研究出版衡量大學教員表現的大氣候中，更庶幾絕跡。

我自 1992 年返回中大唸神道學碩士（M.Div.），有幸成為 Dr. Shen 的助教，帶領「基督教研究導論」和「神學導論」的導修小組（我便是在這段時間認識 Samson 的），並在他指導下完成 M.Div. 論文。那三年間，間中到他辦公的「石屋仔」（崇基學院院長室），與他討論導修安排或論文進展，有數次更獲邀到他在石崗的家，與他聊天（與他恩愛有加的沈太總是給我們很舒適的空間）。他毫不吝嗇自己的時間與學生傾談，細心聆聽；他常常透過提出發人深省的問題，啟發學生獨立思考。說他有孔子和蘇格拉底的風範，實不為過。他對學生的關心和指導，可說是「一日為師，終身為師」。即使學生已畢業多年，他仍關懷學生在學問及生命方面的成長，並給予富有睿智而適切的提點；本書內容正見證着他對學生 Samson 的關懷與恩情。

Dr. Shen 對我也是如此有情。我在 2004 年 5 月初電郵告訴他剛順利通過博士論文的答辯，他未幾即回覆恭賀，並透露自己不禁喜極而泣，因他想起我和另一位早已完成博士課程的學生，覺得自己從 1962 年以來的神學教育工作，已晉成全之階段。那時 Dr. Shen 的身體已頗虛弱（當時約為他逝世前三個月），他仍不忘提醒我，務要清楚我的主要責任：若有需要選擇，究竟我服侍的是華人羣體（因而以中文寫作），抑或是學術世界（因而以英文寫作）。他認為以英文寫神學者眾，能以中文寫神學者稀。他相信現今正是適當時機發展以中文寫作的神學，期望中文神學著作他朝能被譯成英文。他又問我會否接受按立，並指其老師 Pelikan 對他説，教師也可以成為向學生傳達恩典的媒介。他形容自己是「平信徒神學工作者」，同時委身於學術界和教會，既是「教會之子」，也是大學學者。這雙重身分帶來了按牧所不及的好處，例如讓他有更大的自由參與「翼鋒教會」的工作。至於按立與否的問題，最重要考慮的問題是「哪兒有需要？」或「你如何最能服侍？」，其餘一切（包括薪酬、職位等）都屬次要。這些説話就像生命師傅的臨別叮嚀，着我確定服侍的對象和優次。

同年 6 月中，我與家人及貴亨一家到 Dr. Shen 在加州 Claremont 的 Pilgrim's Place 家中探望。形體消瘦、步履蹣跚的他，與我們暢談到夜深。離別之時，心中雖有千言萬語，卻無法説出來，只是握着他的手，望着他的眼，説聲「再見」。我深信這是「再見」，不是「永別」，因為他日必在天國重逢。現在回想起來，我當時其實應該把握機會，當面向他認真道謝，多謝他的教導、他的鼓勵、他的關懷、他對我的深遠影響。Dr. Shen 帶我進入普世視野的神學領域，教我懂得欣賞源遠流長、博大精深、包容差異的大公教會傳統，珍重傳統的禮儀和聖詩，重視神學的處境性與多元性，並更了解中國的政治現實，更領略香港的獨特地位。他教學的認真、治學的嚴謹、對學生的愛護、對上主的敬虔，永作我的典範。惟盼因着「聖徒相通」，他會看到我所寫的，正如他會看到 Samson 這十五封信一樣。

葉菁華

香港中文大學崇基學院神學院助理教授

江序：性情中人

日前碰見一位從事文字傳媒工作的崇基師弟，閒談中提到Dr. Shen。

「我選修了門 Dr. Shen 的通識，交了一份篇幅過長的功課，結果發回的功課上寫滿密麻麻的評語。令我詫異和感動的是 Dr. Shen 竟然肯花這麼多精神批改我的通識作業。」Dr. Shen 對批改學生作業的認真眾所周知，他一直堅持批改學生作業是老師的本分、正業。我當宗教系助教時，Dr. Shen 分配很多工作給我，每周花在 Dr. Shen 主持的崇基學院通識教育課程（即綜合基本課程，Integrated Basic Studies，簡稱 IBS）的時間比主修的還多，單單「思想方法」，每個學期就要帶六組導修。但他從來沒有叫我替他改卷，連批改通識功課亦親力親為。辦公室不敷應用，他沒有運用權力向校方爭取空間或要助教們擠在一起，寧願自己不方便，主動讓出自己的辦公室邀我共用。能享用他辦公室內的藏書是莫大的榮幸，但每學期總要替他「擋駕」，應付註冊處三番四次催促交分的來電。相信他在註冊處遲交分老師的黑名單上一定名列榜首。背後的原因不是他懶惰，而是對批改學生作業認真，慢工出細活，不因通識學生人數眾多而「將貨就價」，馬虎了事。

Dr. Shen 除了改卷認真外，講課亦同樣投入。他在芝加哥大學主修系統神學，取得神學博士，來到崇基卻沒有「翻炒」他的博士論文，大講 Lionel Thornton 的神學，教學生涯首廿年未開過系統神學的科目，大概因為博士論文屬於過去式，他卻關心嶄新的領域。講學多年，他開了「柏拉圖對話錄」超過三十趟，而且每次也會很積極的備課。

閱讀 Samson 寫給 Dr. Shen 的書信，我十分感動。現代的通訊，十分講求速度。電話、電郵、短訊、twitter 的普及，瞬間傳達催迫人即時回覆，即用即棄，令深思熟慮、細心醞釀的書信瀕臨絕種。除非是有心人、性情中人，才肯花心機執筆寫信。Samson 透過這十五封書函，將 Dr. Shen 立體地重現眼前，勾起我不少回憶。Samson 決定不當學者絕對正確，因為他確實是性情中人。

Samson 沒有改錯名，〈士師記〉中的參孫，正是一位性情中人。大利拉三次詢問參孫有關他力量的來源，參孫沒可能察覺不到大利拉動機不良，想除去他的力量。但當大利拉使出殺手鐧，質疑參孫對她的愛：「你既不與我同心，怎麼說你愛我呢？你三次欺哄我。」在愛面前折腰是死硬的浪漫派，參孫惟有就範。現已作古的法國新浪潮導演杜魯福（F. Truffaut）拍的《蛇蝎夜合花》（*Mississippi Mermaid*），男主角愛上了郵購新娘 Catherine Deneuve。後來雖然發覺她是冒名頂替，而且殺害了他原本的未婚妻，卻還為她殺死前來查案的偵探，甚至放棄事業家財，過着流亡的生活。當他患病成為負累，她就用殺蟲水混入飲品害他，他看到舊報紙上白雪公主吃毒蘋果的卡通，醒悟到她要毒死自己，卻仍然甘心喝下，只投訴味道太差。

范晉豪還有一個英文名：耶利米 Jeremiah，也是一位感性的巨人。公元前 600 年間，猶大先知耶利米多次在耶路撒冷向着宗教領袖、政治領袖及民眾「唱衰」猶大，宣告猶大即將遭遇空前大災難，巴比倫王尼布甲尼撒的大軍將會攻陷耶路撒冷。公元前 587 年，殘暴的侵略軍再度兵臨城下，民族處於生死存亡之際。國難當前，耶利米竟呼籲國民投降，臣服於侵略者的暴力下。他還推崇侵略者為上帝的僕人，聖化侵略者的暴行。這是赤裸裸的賣國、叛國言論。作為上帝的先知，最痛苦是要向民眾宣講先知自己也不認同的訊息，但又不得不講，此謂先知式的焦慮（Prophetic agony）。難怪耶利米要呼喊：「上主阿！你愚弄了我；我上了你的當。」（〈耶利米書〉20:7，現代中文譯本）Samson Jeremiah 入得沈門，雖為末徒，中毒至深，甘心上當。

據説 Samson 去探望 Dr. Shen 時，Dr. Shen 曾以我為鑑，盼望 Samson 別走上我的路，終未能完成博士學位。

放心吧！ Dr. Shen，Samson 能寫出這麼感人的書信，足以令你引以為榮，因為他承繼了你最可貴的赤子之心。

江大惠

香港中文大學崇基學院神學組前講師

2010 大齋期

鄺序：生命塑造的工程

近年雖然因着科技的進步，以致書信的溝通方式不太流行，但以書信形式表達意見和感情的例子還有不少，例如特區政府官員和一些公眾人士定期透過大氣電波發放「家書」。本書的作者也採用類似方式來表達一段老師和學生之間的難忘之情，講述老師對學生循循善誘的教導，和學生對老師的仰慕和愛戴。

本人認識書中提及的老師和作者。沈宣仁博士和他的家人均是聖公會教友。當本人八十年代出任聖公會聖馬提亞堂主任牧師十年期間，每主日均看見沈博士和夫人出席崇拜。崇拜中他細心聆聽講道，而且對內容的細節有不同反應，特別是聽見笑話時，會放聲大笑，唱詩歌和讀經時更聲如洪鐘，全情投入。沈博士這種對上帝、對人和對事的認真、嚴謹態度，以至他豪情奔放的情懷，本書作者都鉅細靡遺地在信中表達出來。書中更提及沈博士治學和施教從不苟且、隨便，對學生和別人更是真誠可嘉。

作者范晉豪牧師在書中緬懷他學習的態度和做人處事之道，都深受其恩師沈博士所影響。我們從信中也不難感受到他對學問的渴求，以及對老師仰慕之情，特別在老師在世的最後一段日子，他那種依依不捨和傷痛之情，實在使人動容。本書從師徒之間的互動情懷，道出了教育的真諦和意義。教育不單是知識的傳授，更是生命的塑造；而教育的意義是着重人更甚於學問。

盼望更多人能透過本書認識這對師生的故事，從而開始自己的生命塑造工程。

鄺保羅大主教

香港聖公會教省主教長

2010 大齋期

前言

這本書由十五封信組成。

不過這十五封信要寄往的地方，並不能在任何一幅地圖上找到，因為這個地方不在塵世裏任何一個角落，卻是在天國的樂土。這些信的收件人正是筆者在天國裏的生命師傅——沈宣仁教授。因此，這些書信可說是極私人的，因為內裏包含着我對恩師生前種種的追憶以及對自我成長的見證。

然而，這些書信卻有其公開的價值，因為我相信它們確實觸及到人性裏一些共通的追求。筆者認為人與人之間的感通，彼此在極真摯的關係裏孕育出的情感激流，師徒之間在生命不同側面裏擦出的思想火花，與及為徒的在這關係中的領悟與成長，這些斷不只是個人的事情，更是人性的嚮往。筆者深信愈是深刻的私人經驗，愈容易引起人與人的共鳴，因為當中的領悟若深刻得探及人性的深處，便屬於人類共通的追求，就是對真、善、美等意義的追尋。

以下是沈教授和我的一些背景，希望能讓你更容易投入我們兩師徒生命相遇的故事：

沈宣仁教授	范晉豪牧師
1931 年 6 月 17 日生於菲律賓馬尼拉，父親為聖公會牧師沈漢新，受港粵教區主教何明華差派往菲律賓馬尼拉聖彼得堂主理堂務	1974 年 1 月 10 日生於香港，自祖父母三代皆為聖公會諸聖堂教友
1952 年畢業於菲律賓基督教大學，主修英文，副修哲學	1988 年考入聖公會拔萃男書院
1953 年赴美進修	1992 年入讀崇基學院宗教系，自此認識沈宣仁教授，每逢沈教授的課定必出席，逐漸建立情誼
1955 年於歐柏林學院獲碩士學位	1993 年起為沈教授的學生助理，除課堂外，開始在其辦公室繼續「學習」

1958 年於芝加哥大學獲神學士學位

1962 年來港任教於崇基學院哲學及宗教系，在來港的二十四小時之內，即 1 月 14 日迎娶在馬尼拉認識、青梅竹馬的羅素琴為妻，婚禮由何明華主教主持

1963 年獲芝加哥大學哲學博士學位

1969-71 年任崇基學院文學院院長

1973-74，75-76 年任哲學及宗教組主任

1976-77 年第二次出任崇基學院文學院院長

1986-89 年任中文大學文學院院長

1986-90 年任香港哲學會創會會長

1986-96 年任基督教中國宗教文化研究社董事會主席

1994 年邀請將退休的沈宣仁教授擔任畢業論文指導老師，研究沈教授熱愛的哲學家懷德海之思想，正式成為他的「末徒」(最後一名入室弟子)

1996 年獲崇基學院文學院傑出學生獎及學術創作獎

1996-98 年於聖士提反女子中學任教

1998-2001 年入讀聖公會明華神學院

2001 年開始出版著作，成為業餘作家，並開始在教會服侍

2002 年跟沈教授夫婦遊長江三峽，同年被教會按立為牧師

2003 年 11 月 1 日結婚，沈教授回港訓勉

2004 年 7 月赴美探望恩師一星期，在浮生與他最後一次會面

2009 年開始寫信給在天國的生命師傅沈宣仁教授

1988-1995 年任香港基督徒學會管理委員會主席

1990-94 年任崇基學院院長

1991 年作為世界知名的摺紙家，創辦香港摺紙學會，亦擔任該會的榮譽顧問

1992 年獲芝加哥大學神學院評選為該年的傑出校友

1995 年退休，但仍擔任兼任講師及論文指導老師至 1996 年 7 月為止

1997 年移居美國南加州克利蒙的朝聖地

2004 年 8 月 5 日主懷安息

2010 年 5 月寫成十五封書信結集出版，本書不單獻給沈教授，也是送給沈太，與及他們兩名兒子其恕、其樂的禮物

我相信，我們這一老一少譜寫出的生命故事，正是在世上千千萬萬個尋找生命意義及成長的動人故事中，其中一個變奏。期望我們兩師徒的故事，能觸動翻開本書的你，在人與人相會中，譜寫出屬於自己在追尋生命意義的旅途上的故事。

【第一封信・很想寫信給你】

Dr. Shen,

在這資訊過剩的大都會裏，隨着日新月異的科技不斷湧現，從前因地域阻隔，各散西東的人和事，現在只消一個電話、一封電郵，哪管距離有多遠，一下子便能連繫上。科技的確給人類帶來很大的方便；然而，人與人之間的距離又是否真的因着資訊科技而拉近？試問有沒有一種資訊科技可以幫助在地球上的我，把心意傳到於天國的你呢？

不經不覺，你離開人間快五年了！我們已經很久沒有通電郵、談電話及直接對話了。在這瞬息萬變的浮世間，很多人認為科技可以克服很多從前因距離而帶來的種種不便，但時間所製造的距離卻極難借助科技去彌補，因為時間可以沖淡記憶，叫人容易遺忘。事情離當下愈久遠，印象便會變得愈模糊，直至記憶變得空洞，找不到存在過的痕迹，從此消失得無影無蹤，無人記念，亦不復存在。的確，時間與回憶之間的距離真的不可輕視，多少年少時的豪情壯志，在成長的衝擊下迫得向現實低頭？多少情侶的山盟海誓，在無聲的歲月中被遺忘，獨剩怨侶間的連連咒罵？時間的運轉彷彿無情；然而，時間總是個難以理解的奧祕！一剎那的時間彷彿微不足道，但一剎那的經驗可以成為永不磨滅的烙印，成為生命一連串發展的原點，一切由這原點開始，繼而擴散、延續，並不斷建立。難怪你喜愛的柏拉圖（Plato, 427-347 BC）如此重視回憶，視記憶為永恆知識的寶庫。雖然每個誤入凡間的心靈早已把這知識忘懷，但藉着教育，可或多或少喚回這份記憶，彌補時間匆匆流逝所帶來的種種遺憾。

我不想淡忘對你的回憶。但無力的我隨着時光的流逝，對時間於我們之間的作用也沒有多大把握，到底是叫我淡忘？還是永誌不忘？既然如此，與其坐着等待，倒不如積極嘗試，為自己渴望的答案創造有利條件。我一向深信天助自助者的道理，因此，我決定再一次寫信給你。或許很多人會說長篇書信已屬過時，在節奏快速的浮世不是慣用短訊及電郵嗎？我慶幸生於還會提筆寫信的年代，還記得那份透過文字向遠方友人傾心吐意的心情、提筆直書己意時的那份認真，與及等候對方收件及回應時那份患得患失的感覺，這一切都是講求快速與效率的人所無法玩味的。所以我決定透過這老方法，在回憶中把我與你相遇的點滴片段整理、反思及再度詮釋，或許我可以藉此留住彼此之間的回憶，甚至可以在這「重遇」的過程，重新在你那洪亮的嗓音中，聽到對我今日人生的啟迪。

因此，我要盡情地把你在我生命中留下的痕迹寫出來，毫無保留地寫下來，期望在這些相交的軌迹裏發現永恆的意義。我相信寫作的力量，因為寫作是一種沉澱和消化的過程，它叫我能更清晰具體地掌握零碎的記憶片段，教我真實地擁有我所寫作的。你在教導我寫作論文時，曾這樣教訓我：「直接從一個學者的作品中抄襲過來、搬字過紙是不道德的，是小偷所為！你未曾消化的東西，根本不屬於你。若你引述了某學者的一段講論，一定要在引文的下一段寫上你對那段引文的見解。」沒錯，只有這樣，我才能在寫作中真正得到那份知識。因此，這一連串的信件可說是專寫給自己看，極為個人的反省功課。

但另一方面，這些信件同時是寫給所有人看的。曾任崇基學院院長、文學院院長、宗教系主任的你，為香港的大學教育貢獻了自己大半生，你的生命不知影響過多少代學生、親友和同事的生命？無論在美國或是崇基學院為你舉行的追思崇拜，皆吸引了歷代的學生、親友和同事出席參加。我們一羣學生為你的追思禮所寫的紀念文集，不少人看過後，也勾起對你的懷思；你在各人生命中埋下個別的教育種子，藉着這些紀念文字，又一次發芽生長。這次，我也希望藉着這些信件，拋磚引玉，引發其他敬愛你的一眾同道，在你離開五年後的今天，在思念與回想中，重新發現你對他們的生命、職志及思想的影響，受到老師再一次提醒，在自己人生的崗位上重新啟航。

另外，前面曾提及在寫作中尋找永恆的意義，還記得我在你的「神學導論」課所交的讀書報告中，談及人在上帝創造中的位置：面對幻變

無常的生命際遇，人類絕不可能是自己生命的主人，充其量只算是生命的管家。作為管家，最重要的莫過於忠心於所託付的。作為崇基學院的院長，你常提到「忠於學術，誠於基督」的精神。若我倆相交中所擦出的生命火花，當中真的包含一些永恆意義，那些火花便絕不屬於你我私有，而是人類共同享有的遺產。作為生命的管家，若要忠於託付，我有義務把當中寶貴的領悟寫下來，與其他追求生命意義、尋索真理的生命朝聖者分享與共勉。

當然，這些信件也是寫給在天國的你。沒錯，你我都是基督徒，我相信你已在天國樂園裏，因為《聖經・路加福音》18 章 17 節如是說：「我實在告訴你們，凡要接受上帝國的，若不像小孩子，斷不能進去。」相信每一個認識你的人也有同感，若年愈七旬仍保有童心的人也不能進入天國，誰還有指望呢？另外，你我都是屬於聖公會的信徒，我們都相信扼要地表達了基督教信仰的《使徒信經》中所說的「聖徒相通」，所謂「聖徒」，絕不獨指現世可見的教會組織，更是指向超越時空地域及生死的信徒羣體，在這「無形的教會」(invisible church) 內，死亡不能阻隔開彼此之間的連繫。這些信件所寫的內容，我真的盼望把我對你的印象、在你身上所學到的和被你激勵而正在發展中的一切思想，一一與在天國的你分享。

在你生前，雖然熱愛對話的你總愛聽取我對不同課題的意見，但年少的我卻羞於表達自己的想法。首先，因為我喜歡在你我交談中扮演較被動那一方，細味你對我的啟發。另外，最重要的原因是身為學生的我，害怕在尊敬的老師面前，表達自己那極不成熟、錯漏百出的思想。但現在我不想再逃避了，我要將對你的感受、你對我的教導與啟發告訴你，讓你知道以往在我生命中所埋下的種子，在今天生長成怎麼模樣。

還記得跟你上「宗教哲學」課時，我在課後曾追問你：「你有沒有想過把課堂講義整理出版？」你斬釘截鐵的回答：「從來沒有！第一，我的講義沒有任何新穎的觀點，沒有必要出版；第二，全部都是別人已經講過的，你應該借閱原著；第三是環保的理由，不應該浪費地球資源，製造垃圾！」但有趣的是，你雖然無興趣著書立說，成一家之言；但卻經常鼓勵我寫作，甚至出版發表。當你移居美國後，我先後在明華神學院及崇基神學院繼續碩士課，仍習慣將學術論文電郵給你指正，偶爾有一兩篇你欣賞的，不單在回電郵時鼓勵出版，甚至事隔數月回港時，你仍放在心上，再三叮囑：「這篇文章應該要出版！」

你愛護學生的激情，至今仍舊感動着我不斷寫作。那些文章雖然至今仍未出版，但末徒這幾年也沒有鬆懈下來，總算發表過一些文章，出版過一些書籍。如今突破出版社要把我寫給你的信件出版，正正給我一個良機，鼓勵我繼續執筆，寫信給天國的你，再一次與你相遇相知，笑看人生。

我已急不及待寫下一封了！

你的末徒

Samson

Dr. Shen 與我

【第二封信・求學的第一課】

Dr. Shen,

我已經急不及待動筆，着手寫寫我如何認識你，如何被你啟發對真理的追尋？如何開始這段師徒情誼？

談到對一個人的認識，指的往往是那個人外顯的成就和功績。但一個人的作為（doing）是否可以完全等同一個人的為人（being）呢？答案當然是否定的。人往往表裏不一，他未必因為心存詭詐，刻意欺瞞他人；實況往往是自己根本不認識自己，把期望的自己看為真實的自己，用行為來不斷引證心目中期望的自己，這或許只會叫人離開真我愈來愈遠。因此，表面的身分和行為只能給人初步的認識；更深的認識便要越過行為和身分的表層，在人性深層處的相知相交中了解。

很多人也認識「沈宣仁」這三個字。談到你的名字，便有一串身分跟你的名字連在一起。除了前述在崇基學院和中文大學的職務，你還是崇基學院通識教育主任、香港哲學會創會會長、芝加哥大學神學院 1992 年傑出校友及世界著名摺紙家等等，在校內和宗教系內，關於你對亞洲神學界的貢獻，亦時有聽聞。雖然如此，我卻不是被你外在的名氣吸引。正如以上所說，這些名聲只會讓人欣羨，未必能令人與你交心。熟知我那副德性的你該明白，你的地位反而會令反叛輕狂的我不願意親近。

從小開始，生性反叛的我已喜歡挑戰權威。我自比一匹野性難馴的馬，任何人自以為有能力騎在我上面，都必須證明他是真材實料的。自恃小聰明的我一向目無尊長，被我尊敬的師長可謂寥寥無幾，但被我看扁的卻俯拾皆是，小學如是，中學亦如是；當時我相信，上了大學後，也不會有多大改變。所以坦白說，在崇基學院星期五的開學週會上，雖然你以院長身分講話，但我一句也聽不進耳，只顧着跟新相識的男男女女天南地北，閒聊瞎扯，根本不把你這名院長放在眼內。現在回想那個

夜郎自大的我，只能嘲笑自己當日的幼稚與無知。你第一次給我真實的印象，從遙遠模糊的權威象徵，搖身一變成為飽富學養的老師，是由我第一次上你的課開始，是你的人格魅力打動了這自以為是的年輕人求學的心。

我跟你上的第一門課是「基督教研究」，還記得是在許讓成樓 G05 室上課。作為第一課，你拖着沉重的腳步走進課室，一臉認真，二話不說便將一本本厚重的參考書放在桌上。接着你終於開腔了，用那遠近馳名的洪亮嗓音，中氣十足地吩咐我們拿一張已用過的紙出來，反轉空白那一面，或撕開一半，書面回答這道問題：「基督教是什麼？」整個過程既凝重又一氣呵成，再加上你金毛獅王般的吼功，一眾同學也被嚇呆了，一時間不知如何反應，只有遲鈍地遵循你的指引，拿起紙筆作答。十分鐘很快過去，剛告別中學生涯的我們對突擊測驗猶有餘悸，惟有帶着緊張的心情作答，希望不影響本科成績。收卷後，你突然一臉輕鬆地告訴我們，這是不計分數的，學期末時會發回，讓我們看看自己對這問題的理解，在上課前後有否分別。我這才鬆一口氣，知道這不是突擊測驗，而是在學習以先，對已有知識的整理與沉澱，好幫助我們知道這學期從哪裏開始，到課程終結時，我們又走了多遠。接着你便派發課程大綱，並介紹參考書目。就這麼簡單的兩件事情，給我留下深刻的印象，對我追求學問有殊不簡單的啟發。

作為八、九十年代香港中學教育制度底下的產物，我以為尋求知識就是要當個答案收藏家，收集得愈多答案意味着愈有知識，在這樣的理解下，求學是量的追求，進入大學的目的就是要拿到更多的答案。誰知道老師在未開始教書之前，我們還未收集本科答案以先，便要嘗試解答問題。有趣的是，問題看似簡單，不用預備也可以答出很多「標準」的答案；然而，當我愈是作答，便愈覺得這些答案數量雖多，但既不全面又不深入，我開始從那些所謂的「標準答案」中發現問題。沒錯！是問題！原來求學的第一步正是要懷疑既有的答案，從中發掘出問題來；如此，我們才會踏上求學之旅，尋找更準確、更深刻的「暫時」答案。在

「尋找答案——發現問題——又再尋找答案——又再發現問題」這循環不息的求學進程中，我們所得到的答案雖然只屬暫時，也沒有數量上的增加；但卻愈鑽愈深入，愈接近問題的核心。

這些道理我當然是後來才慢慢領會。但這一課卻令我開始不滿足於表面的標準答案，致力發現問題，從而求取更深刻的學問。後來你向我提及英國哲學家懷德海（Alfred North Whitehead, 1861-1947）「力求簡化，後懷疑之」（Seeking simplicity and distrust it）的求學精神，我才真正開始明白箇中道理。尋找答案本身正是嘗試從錯綜複雜的現象中，概括綜合出一條理路，是一個從複雜到簡化的過程。答案正是力求簡化的成果，若我們只簡單地滿足於找到的答案，並視之為真理，我們便不用再思考，只需強記更多答案便能安樂度日，求學過程亦告終結。不過，發現問題正是理性的人難以避免的懷疑舉動，表面看來，發問的人在懷疑既有的答案，但實際上，他是對有限的人能夠擁有絕對真理，心存懷疑。

你喜愛的古希臘哲人蘇格拉底（Socrates, 469-399 BC）不正是懷疑精神的求學典範嗎？通過神諭的宣告，他知道自己是世上最具智慧的人，但蘇格拉底自問所知有限，不明神諭所指，便四出訪尋智者論道，期望尋得智者高人推翻神諭。誰知蘇格拉底所遇上的智者，盡都安於自己所得到的答案，當面對蘇格拉底的懷疑與質問，智者盡都以不知為知、以有限為無限、以暫時答案為標準答案，一早已封閉了進一步的思考，也懶得再反省。這時他才發現神諭箇中的道理，他之所以是最具智慧的人，完全因為他有自知之明。他知道自己無知，所以才會懷疑自己所知，不會自滿地原地踏步，在不斷發問中踏上尋找智慧之路。難怪你這麼喜歡懷德海和蘇格拉底，他們也教曉我有關求學的理性原則與典範。

然而，求學是情理兼備的進程；除了求學的理性原則外，對學問本身的熱愛也是重要的情感元素；而你在第一課所表現出來對學問的熱愛，實在深深地感動了我。當你收下我們那些「環保答題紙」後，便開始講解本科的要求及參考書目。對不少教授而言，這只是例行公事，草草交代後便可以下課；但這毫不費勁的簡單任務落在你手上，着實變得不同

凡響。你十分落力地介紹各參考書的特色及彼此之間的不同之處。中氣十足的你，每一句話都彷彿從心底深處湧出來，充滿生命力、激情，鏗鏘有力地打入我的心深處。我不自覺被你的氣度所折服，深覺求學的人本該如是。

的確，在第一堂課中你還未真正「出手」，我也還未領會你傳授的知識；但你觸動我的不是你的知識有多廣博，學術地位與身分有多崇高，而是你在課堂上表現出對學問那份激情、專注和認真的態度。你每句話都出自肺腑，教人感受到你不單用腦袋去處理學術研究，或是把學問功夫作為糊口的伎倆；你那份全情投入、以整個人面對學問的精神，充分表現出你求學的真切、對學問那份尊重、對教學那份熱誠。你的身教叫我明白求學不是求分數，也不單是求冷冰冰的知識；而是要學做人，做一個對自己所追求的充滿熱誠的人。

我相信因為以上種種，深深地打動了一眾學生。我記得下課後，不少同學立即到崇基的牟路思怡圖書館，爭先恐後借閱你介紹的參考書，

我當然也是其中一分子。雖然我們大都是只有三分鐘熱度的懶惰大學生，沒有多少個能持續那份求學的熱情，但你給我們上的第一堂課，真的激勵了我，燃亮了我心底裏求學的火種。

自從第一堂起，以後每逢上你的課，我也愛坐在同一個座位，正是對着老師桌右面的第一個座位。近日跟大學舊同學談起，他們也記得我這習慣，笑我古怪。他們説：「Dr. Shen 一定認得你啦！每堂也坐在他面前同一個位置！你又不是聾，又不是盲，Dr. Shen 説話這麼大聲，你眼巴巴看着他的口水噴過來，還是很陶醉地聽課，真的很有問題。」以上的評價十分準確，除了你的講課內容吸引外，你那份愛智的氣質更驅使我每一堂課都坐在最前方，下課後亦開始學習就課堂內容不明白之處發問，或許因為這樣，你漸漸認識我，而我們的師徒關係就慢慢的建立起來⋯⋯

畢業後我像你一樣走進教室，在學校、教會和神學院裏當生命的教師，我常常撫心自問，有否像你給我的教導一樣，給學生提出足夠的問題，在他們試圖把知識生吞活剝之前，啟發他們思考？有否讓他們不簡單地滿足於眼前的標準答案，而去發掘比眼前答案更深刻的問題，並從此開展一生求學問、尋真理的旅程？我又是否像你那樣對教學、對知識充滿熱愛與激情，讓自己的生命影響別人的生命呢？

多謝你教我的第一堂課，就好像一台機器的齒輪被啟動，我求學的心怎也停不了……

你的末徒

Samson

大學一年級時跟 Dr. Shen 在許讓成樓 G05 課室合照

【第三封信・長達四年的通識課】

Dr. Shen,

到底為什麼要上大學？這是一道十分值得思考的問題，但我相信很少人會花時間認真思考它。這大概因為社會早已為每一位在學青年預設了答案：上大學是所有中學生理所當然、無可置疑的目標。能夠考進大學，社會便贈予「大學生」這身分作禮物。但這又意味着什麼？不少學生在進大學前仍然有着明確的奮鬥目標，但得到「大學生」這身分之後，便不知道為何要繼續努力讀書。於是很多從前成績優異的同學，都失去了再努力的理由與目標，甘於在頹墮委靡的大學生涯中迷失方向。

崇基學院設立「大學修學指導」這門課，正是希望剛入學的大學生，理解到大學教育的理想及大學生的角色與使命。這是所有崇基學院一年級生的必修課，雖然不是每堂課也由你講授，但你絕對是整門課及崇基學院通識教育的靈魂人物。然而，我實在要向你坦白承認，在我修讀你的課中，這是我最不用心的一科。

作為生於七十年代中期，在 92 年進入大學的一代人，我們沒有經歷過反對天星加價及文革學運、把大學視為追尋並實踐理想的火紅年代。隨着大學學位的普及，大學也不再是汰弱留強的精英階梯。沒有崇高的使命，也沒有未來投身社會的成功保證，「大學生」這身分對我們這一代人着實意義含糊。對於我們這羣血氣方剛的新生來說，交朋結友、認識異性比起空談理想來得實在；於是每週五上的「大學修學指導」，大家總是「醉翁之意不在酒」，偌大的課室裏沒有多少人留心聽課，我亦不例外。

雖然當時不留心上課，但我也知道建立崇基學院的通識教育（General Education）可說是你教學生涯中的一大成就，因為自你六十年代到崇基任教，通識教育一直是你努力倡議並身體力行的教育方針。重新翻閱你在 1973 年為這門課編輯的《大學教育與大學生》，再一次讓我感受到在封底你那年輕的面容裏，流露出對通識和大學教育的熱忱。想深一層，雖然這門課我在第一個學期疏懶，但幸運地，你不是在我整整四年的大學生活裏，持續進行「大學修學指導」嗎？雖然這門課不用寫論文，但為了補償我的躲懶，這封信就當是我遲來的功課吧。

「大學」的拉丁文 universitas 有「綜合整全」之意，原意為描繪大學乃師生全體過共同生活，一起研究學習的圖畫。隨着大學在歷史中不斷分科專門化的發展，各類細分的專科之間彼此築起圍牆，彷彿可以分割，獨立自足。如此，大學應易名為 multiversity（多元學府），不同學科各據山頭，各自各精彩；然而從今日跨學科的合作研究趨勢看，大學又再一次「相信」真理的整體多於部分知識的總和。隨着知識的深入研究，分科專研是必然的結果；但為使研究者不獨活於自己建構的知識象牙塔內，而和整體的世界隔絕，你半生積極倡議的通識教育，正是希望補專科教育失諸偏頗之不足，使學生在個人從事的學問深度以外，發現並體會到知識的廣度。你在崇基努力經營的通識教育，讓學生除了對自己的專科有所掌握外，也給予我們更闊的知識面貌，明白自己不過掌握局部，不要忘記整體大局；教我們知道學無止境，要培養一生治學的精神。

當人埋頭苦幹於自己所從事的學問或工作中，很容易逐漸由專注變為偏執，愈努力專注，愈容易「神化」了自己局部的知識和有限的人生經驗；迷信自己的觀點就是最正確的觀點，自己關心的問題就是大家要關心的問題，自己的方法就是事情最好的解決方法。真的，通識教育啟發了我，使我明白在不斷從事專門研究或專業工作的同時，不能忘記對整體大局的追求，這樣的人才是真正的智者。因為他不受生命歷程裏種種繁瑣事情所纏累，能終身專注向其理想與目標進發；同時亦謙遜自知，不會忘記自己的有限，他會不時停下來，參考整體大局，不斷修正自己的方向。那樣的智者，不正是你的人格寫照嗎？

談起人格氣質，現在想起來，你實在有跟蘇格拉底一樣的氣質，很會發問問題。猶記得每有訪問學人蒞臨講學，你例必全神貫注細意聆聽，比其他學生更像一個學生；當訪問學人邀請大家發問時，你便會毫不猶疑地，像一個學生般提問。你的問題無論出於對講者主張的挑戰，或要求概念的澄清，總表現出善意與尊重；因為從你的問題可以看出，你對講者的思想有充分的掌握，以致能在這基礎上提出不同類型的問題。這是尊重講者、正面回應其思想的善意表現。你的「學生」榜樣教曉我，在人生的大學問裏，我們每一個人永遠也是學生，大學只是培養我們一生求學尋真的開始。而從你的「大學生」榜樣中，我發現作為大學生，要培養出自覺、自發與自知的精神。

首先是大學生對自身身分及其責任的自覺。有一個故事說明了當一個大學生意味什麼。在中古的巴黎大學裏，一羣教授正在激烈地辯論，到底一匹馬有多少顆牙齒。神學教授堅稱絕不會是三的倍數，因這對三位一體的上帝大大不敬。《聖經》學者也否定了七的倍數，因為根據《聖經》，第七日是安息日。他們翻查哲學經典及神學巨著也得不到進一步的成果，在這時候，一直留心聆聽他們討論的大學生，做了一件令眾人目瞪口呆的事情，他走到一匹馬前，掰開牠的嘴巴，數算牠有多少顆牙齒。

故事中的大學生用行動表明一個大學生的自我覺醒。大學生應該是「不斷學習的人」，而不是只懂將以往知識累積下來的「傳人」，當他察覺傳統或既有權威之不足，便應以懷疑精神檢視目前的傳統與權威，與客觀的經驗相比對，從中發掘新的理據，整合既有的系統，力求為學問帶來新的突破。故事中大學生把馬口張開，這不單意味着學問是歡迎持續探究的開放系統，更意味着學問不能只從埋首經典，或把自己關在實驗室進行研究得到。相反，學問探求要與真實環境連繫。換言之，我們要覺悟到大學生這身分與身處環境有着密不可分的關係，人生真正的大學問不能抽離生活、抽離社羣。我們不應獨善其身，視大學生這身分為成功的踏腳石。作為身處香港的中國人，把這種務實的治學精神應用在政治、社會、工作及家庭場境中，正是知識分子一生的責任。

大學生除要自覺其身分賦予我們一生的願景外，還要培養自發求學的精神。有一次，你跟我談及考試與論文寫作之分別，並力證論文寫作遠勝考試，有助培養大學生求學的自發精神。你指出考試與論文寫作有着互補的關係，考試涵蓋面既廣且博，論文鑽研精準深入，各善勝長。然而，你發現考試背後的態度是負面消極的扣分制度，每一題有既定分數，每錯一處或解釋不足，便在既定分數內扣除，只會因錯誤而減分，從不因答得精闢而加分。這樣的教育制度裏只會助長「不求有功，但求無過」、消極畏縮的人生態度，又遑論自發創新呢？相反，論文寫作所持的是自發求學、正面積極的鼓勵態度，學生受個人興趣的感召，選擇自己有興趣的論文題目，開發自己喜愛尋索的知識領域，這正是大學生需要培養的，若恆常以這學問功夫訓練人心，追求學問便能成為人生極正面的力量。自發求進的人懂得在生命中採取主動，當人生進入未知的領域裏，仍勇於冒險，敢於積極面對困難，更把困境視為有待鑽研學習的課題。若夠樂觀，說不定還能從艱苦中，得着新領會帶來的趣味。

除了自覺與自發，大學生還要有自知之明。你敬愛的蘇格拉底之自知，正是覺察自己的無知，因此他可以繼續在學習中進步與成長。但我們的無知，往往因為自以為知，自以為是。大學生最大的誘惑，就是妄想以極有限的知識，充當別人的「審判官」。我們明白懷疑精神與批判方法的重要，但我們往往弄錯了該懷疑和批判的對象及箇中的意義。近年不少人向權威人士擲香蕉、蛋糕或運動鞋，被很多大學生視為具批判精神的反權威行動。你常引用蘇格拉底的名言「未經思考的人生是不值得活的」，在這裏我來個狗尾續貂：未經思考的反權威是不知所謂的！若單單感覺有型，「為反而反」卻無切實反省，堂而皇之的批判精神只會淪為非理性情緒的偽裝，這只會暴露出批判者其實對自己毫無批判能力。

人要有自知之明，大學生第一個要批判與懷疑的對象不是他人，而是自己。認識自己是認識世界的第一扇門，除掉對自己的無知，就是對自己忠誠，拆下為着自我安慰、保護或欺騙而帶上的假面具，人才能看清自己；看清自己的不足，才會學習成長，彌補不足。習慣對自己真誠，經常保持對自我的批判距離（critical distance），心境才會澄明，才可以如實觀照自己及世界的善惡美醜，致力改善求變。

在「大學修學指導」課中，你曾對所有一年級生説過：「若你能在這四年大學生涯中，找到終身伴侶，這四年光陰便沒有白過了。」若按這標準，我總算沒有白過；但這四年只是學習人生大學問的修學指導罷了，要一生不枉過，我仍須繼續努力。

你的末徒

Samson

系內同學家訪 Dr. Shen 夫婦時留影

【第四封信‧人間課堂：光影教室】

Dr. Shen,

上兩封信我們所談論的或許比較嚴肅，今次讓我們輕鬆一下，不如談談我們的共同興趣吧！老實説，很多人大惑不解，你敦厚沉實、穩重認真；我跟你的氣質完全相反，為何會發展出這段師徒情誼呢？他們不知道，我們起碼有一個共通點：我們都是天生電影狂。「你最近看過什麼電影？」常常代替了彼此見面時的問候，無論在大學、你家裏、酒樓或最後在美國的相遇，我們一定會問對方：「你最近看過什麼電影？」現在讓我們回味一下我倆之間的電影分享會。

你還記得我們第一次談論電影嗎？應該是大學一年級下學期吧，我在宗教系辦公室的走廊遇上你，我興奮地跟你分享，剛過去的週日凌晨時分，在電視偶爾看了一齣比利時電影——《小英雄杜杜》（*Toto le héros*, 1991），它帶給我一次極不一樣的光影經驗。酷愛電影的你聽罷十分高興，還鼓勵我繼續追看這個時段的電影，並囑咐我看後定要跟你分享。就這樣，我們便開始了這門沒有學分，卻趣味十足的人間課堂。

事實上，我在中學時代已酷愛電影，不過看的大多是主流荷李活動作電影，史泰龍和阿諾舒華辛力加曾幾何時更是我的偶像。今日看來，那些電影總是千篇一律，渲染個人英雄主義。看慣主流商業電影的我，每週日凌晨播放的電影為何如此吸引我呢？因為這時段播放的盡是歐陸劇情片，是我從未有過的影像體驗。我就是被《小英雄杜杜》的表達手法深深吸引着。一般主流電影大多是以直線敍事，最多也不過是來個倒敍。但這套電影有趣之處，正是將主角的老年、青年、兒童及其幻想的自己凌亂的拼湊起來，像不同的砌圖碎片般散落眼前，卻又亂中有序，以時而並排、時而插入的方式推進故事。這種新穎的表達手法吸引我追看，並試圖在腦內將那些碎片拼湊成完整的圖像。正如本雅明（Walter Benjamin, 1892-1940）所說：「任何我們知道即將不再擁有的事物都會變為影像。」這些影像碎片交織成回憶的片段，錯綜複雜，不依時序地在腦海裏盤旋不休。能把個人的內在經驗活現銀幕，《小英雄杜杜》是我看過的第一部，也是勾起我對電影興趣的第一部。

《小英雄杜杜》是一部悲劇，述說一個自我沉溺的人如何錯過生命中多次愛的機遇，又如何在偏執中摧毀自己的人生。劇雖終結，思緒仍徘徊不散，我發現電影除了作為一種消遣娛樂外，它也可以是用來探討人性的開放教室。導演給予觀眾一個思想的大綱，留待我們在詮釋中發現多元意義。接着的兩星期，我看了談及鄉村與城市、氏族社會間恩怨情仇的《戀戀山城》(*Jean de Florette*, 1986) 及《泉女曼儂》(*Manon des Source*, 1986)。你告訴我這兩部電影改編自法國作家馬塞・巴紐爾 (Marcel Pagnol, 1895-1974) 論及普羅旺斯 (Provence) 風土民情的經典鄉土文學《山崗之泉二部曲》(*L'Eau des collines,* 1964)。你還提示我巴紐爾還有一部自傳式的二部曲，講述孩童如何跨越對父親權威神化的年代，如何克服對母親的依戀及其離世，最終成長過來，離開童年美好的山城，面對真實冷酷的成人世界。結果，在你講解後的兩個星期，電視便剛巧播放了《初渡艷陽天》(*La Gloire de mon père*, 1990),主角在欣賞童真鄉土情的同時,又為到將要面對的成長重擔而哀傷。在代入與抽離之間,正好觸動了徘徊於成長路上的我。至於第二部曲《告別艷陽天》(*Le Château de ma mère*, 1990),是我跟同學在大學本部的邵逸夫堂戲院看的。雖然當晚漆黑一片,但我肯定你也在場觀賞,因為你那招牌的笑聲清晰可辨,就是看不見你,也聽到你的存在。

不是神學,也不是哲學,反而電影成為了一個平台,讓我放膽跟你高談闊論。沒錯,我們打開話匣子,真誠的談話正是始於對電影的討論。當時酷愛歐洲電影的我,向你大談有別於荷李活主流的歐陸電影,如何啟發了我對「非如此不可」的反叛。主流的論述彷彿天經地義,但是否一定要擺出一個個社會的英雄偶像,讓人人爭相仿效呢?《新橋之戀》(*Les Amants du Pout-Neuf*, 1991)講述一位將要失明的藝術家跟流浪漢之間的戀愛故事。男女主角皆被主流社會定性為失敗者,難道他們就不值一顧?我們就不能從他們獨特的視域,用另一個角度審視所謂的主流價值嗎？培養對非主流電影的興趣，有助擴闊自己的視域，不受主流觀點宰制；從此，弗里尼（Federico Fellini, 1920-1993）、伯格曼（Ingmar Bergman, 1918-2007）、杜魯福（François Traffaut, 1932-1984）及艾慕杜華（Pedro Almodóvar, 1949- ）的電影便伴隨我度過數不清的晚上。

在我與你滔滔不絕的談論電影時，感覺總是自由與歡欣的。你雖曾坦言不明白弗里尼的電影想表達什麼，但你從不勉強我改變口味，彼此總是在自由的空氣下交流。然而，你要求認真的討論，且要求我細讀一些電影原著的中、英譯本，更深入理解背後的思想。說也奇怪，我和你喜愛不同口味的電影，我們甚至從沒相約一起看電影，總是你說你喜歡的，我說我喜歡的。雖然我未能影響你愛上歐陸電影，但卻開始追看你喜愛的電影類型。你喜歡看寇比力克（Stanley Kubrick, 1928-1999）的《2001 太空漫遊》（*2001: A Space Odyssey*, 1968）及電視片集《星空奇遇記》（*Star Trek*）等科幻電影。的確，科幻電影絕對適合富好奇心和想像力的你，它們將未來世界的可能性化成真實，具體地呈現出來，並藉此探討有關人性的問題。在你的影響下，我也開始看科幻電影，如《未來報告》(*Minority Report*, 2002)、《廿二世紀殺人網絡》(*The Matrix*, 1999) 或《謊島叛變》(*The Island*, 2005)。這種電影把科技與倫理問題尖鋭化，高科技給人類帶來種種方便，彷彿是打開理想烏托邦的鑰匙；但不知不覺間，人被科技本身、或操縱科技者控制了也不自知。當高科技替人選擇未來，人還有自由意志嗎？科幻電影以豐富的幻想，給人開放的空間，反思生命極其根本的課題。

在芸芸電影中，意大利電影《星光伴我心》(*Cinema Paradiso*, 1990) 對我來説有着特別的意義，因為這部電影令我想起你。故事講述一位離鄉別井的大導演因恩師離世而回鄉奔喪，途中掀起了他對如煙往事的絲絲記憶。戰爭奪去了主角杜杜的父親，使他度過一個困乏的童年。那時他惟一的娛樂就是上戲院，電影能滿足他天馬行空的想像力，還可以讓他親近播映員亞法度，填補他失去的父愛。亞法度和杜杜共度了漫長的成長歲月。當他經歷童年冒險、青春浪漫與及絕望失意時，亞

法度總是他最忠心的聆聽者和同行者，他還啟導了杜杜一生對電影的志趣。杜杜自少年時便從旁協助亞法度播放電影，青年時又代替瞎了的亞法度當播映員，離鄉後電影更成了他的終身職業。杜杜可說從沒離開過亞法度的護蔭。

在電影裏杜杜離鄉一節，由於跟愛人失去聯絡，他終日行屍走肉，不為前途作任何打算。亞法度目盲心不盲，看穿杜杜留下來只會埋沒了自己的天分，他說：「杜杜，走吧！當你日復日的呆在這裏，你以為自己已是宇宙的中心，一切似乎永恆不變。誰知當你走了一年、兩年……當你回來，你會發現變幻才是永恆。你不能找回你想找的，你眷戀的已不復存在。不是嗎？你現在比我更盲。生命不像電影，比它難多了。走吧！到羅馬闖吧！你還年輕，世界是你的！我不想再聽你在我耳邊嘮嘮叨叨，我要聽到別人談論你。」在杜杜上火車前，亞法度還緊握他的手說：「不要再回來！不要想念我們！不要回頭！不要寫信給我們！忘記我們！若你耐不住鄉愁而回來，也不要來探我！我不會讓你踏進我家門半步。」他還叮囑道：「無論做任何事，也要像你少時酷愛播放電影般，熱愛你所做的。」

回首半生，杜杜重返故地，頓覺半生逃避的故鄉是那麼遙遠，也是這麼近，即使亞法度死後，他的「父愛」還是環繞着杜杜，不離不棄。杜杜收到亞法度托其遺孀留給他的一卷影片拷貝，原來是亞法度把戲院多年來播放的電影裏，曾被教會刪剪的接吻鏡頭一幕幕的剪接起來。看着熒幕播放亞法度這份最後的禮物，杜杜驚覺這是他有生以來看過最好的電影，因為它隱喻了愛，敲擊着他封鎖已久的心靈，影片中那解禁了的吻，鼓勵他勇敢去愛。面對這位「父親」最後的叮嚀，杜杜內心感到無比的喜悅，也感觸得泣不成聲。

就是這齣戲，我每年也會重看一次，每次也總令我想起你，令我落淚。電影除了是以興趣作媒介，啟發人反思的課室外，它也讓人抒發自己的感情。生命不像電影，比它難多了，但電影給我們一個虛擬的場景，讓我們有機會與角色同笑共哭。

若你問我：「你最近看過什麼電影？」我最近看過很多電影。但印象最深的是長達六小時的《燦爛人生》（*The Best of Youth*, 2004），一個橫跨四十年意大利歷史的兄弟成長故事。那麼，你最近又看過什麼電影呢？

你的末徒

Samson

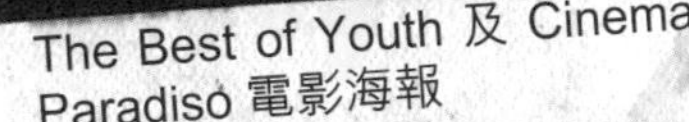

The Best of Youth 及 Cinema Paradiso 電影海報

【第五封信・人間課堂：紙的無限可能】

Dr. Shen,

上回談電影，今回讓我們論摺紙吧。我把這兩封信冠以「人間課堂」之名，因為我們不單可在大學課堂裏尋找大道理，基督教相信「道成肉身」，莊子甚至認為「道在土糞」，在人世間、尋常事中我們也可以悟出一些道理來，何況是我們的興趣？電影不單有消閒娛樂之用；若能運用敏銳的洞察力和豐富的聯想力，電影也可以成為教室，相信你也會同意我的想法。而你鍾情的摺紙藝術，當然也不只是孩童玩意那麼簡單！你的摺紙創作世界知名，你亦曾到意大利、法國及德國講解自己的摺紙藝術理念。作為香港摺紙學會的發起人及榮譽顧問，其會徽也沿用你創作的作品「梅花」。一張紙在別人眼中微不足道，但對你來說，每一張紙都蘊含着發揮無限創意的可能性，着實大有文章。

提起摺紙，真的有點慚愧，也令我想起《鹿鼎記》的主角韋小寶。

遇上天地會總舵主陳近南、九難師太及神龍教主等武林高手，練精學懶的他沒有乘機苦練什麼武功，只學了逃走用的「神行百變」、危急時救命的「英雄三式」和「美人三式」。哈！我比他更懶！與你這位世界著名的摺紙大師相處多年，你曾多次要教我這門藝術，但我總沒心機，只勉強學了兩樣作品。想起來，這些都已經是大學二年級的事情了。

第一樣作品很實用，是「信紙連信封」。當時第一次出國的我剛從法國南部泰澤修道團體回來，認識了不少西方青年朋友，興致勃勃的跟他們寫信聯繫。你以不要浪費信封的環保理由，乘機教我摺紙。你指出信封本身是對好好一張紙的浪費，若要寫信給別人，倒不如學摺這種既環保又有心思的「信封連信紙」。我覺得這點子十分實用，於是便依你學了。第二樣作品是「情結」。你還記得嗎？這是你知道我拍拖時教我摺的。你告訴我那款摺紙藝術之所以稱為「情結」，是因為它像人世間的感情一樣，易結難解。戀愛中的我按着你的指導摺了這個「情結」。正如你所說，按着一個很基本的原則一直摺下去，情結很容易便摺成了；但若要把這個結解開，則要花好些功夫，才能完好無缺地還原成一張紙。的確，感情亦如是。

無論你教導我摺「信封連信紙」或「情結」時，你也常用廢紙創作，你的作品都是由大學給你的過期信件、宣傳單張或食物單張摺成。為何你不用摺紙專用的日本彩紙？另外，一般人接觸摺紙藝術往往被栩栩如生的動物作品所吸引，但你卻偏好幾何立體摺紙作品，對實用的盛器情有獨鍾。起初我不大明白，後來我才發現這不單反映了你沉實節儉的個性，更表現出你對紙張獨特的偏愛，以及你那獨到的美學觀點。

事實上，大凡到過你辦公室或家裏作客的人，除了驚歎你的藏書量外，稍為仔細一看，不難發現放在地上的一堆堆舊雜誌、過期報紙，若留心一點，也可看見你放在書櫃上的大大小小作品。根據和你一同開會的同事說，當會議議題極為沉悶乏味，你便按捺不住，把會議文件摺成不同的作品，還打趣地說：「摺紙總比浪費時間好！也不用白白地浪費了這些紙張！」誠然，你對紙張有一種執著，或許是因為你童年時適逢二次大戰，物資的缺乏培養成你那節儉的美德。紙張對你來說別具意義，它不單能成為彼此溝通的媒介，或傳遞知識的工具，它本身還有其可持續循環的「生命」。你堅持盡可能讓紙張實現其「生命」不同的可能性，這不單是一般意義的節儉，你更表現出「人盡其才、物盡其用」、珍惜萬物的態度。相反，我們物質富裕的一代，不會珍惜眼前所擁有的一切，只會視為理所當然，又怎會懂得尊重一張紙的生命！的確，學會珍惜愛護眼前事物，才是環保的開始。

此外，你用舊雜誌摺紙時，並不重視紙張外型美觀與否，只是注意紙張的質地和重量是否適合摺紙之用。你曾自信滿滿地將一隻盛滿開水的茶杯放在你摺的鼎形盛器上，向我展示它如何結實耐用。這正是你所謂的美。美不是因紙張外在的包裝而來，美是摺紙的理念，紙張只是用來盛載理念，將其實踐出來的配角罷了。能做到承托起一杯開水的鼎，其嚴謹的創作理念，當中結構緊密的原則，才是摺紙藝術優美之處。如此，你比一般摺紙愛好者對這門藝術的理解高了一個層次。你在追求摺紙作品裝飾性的外在美以外，亦享受摺紙背後理念得以實踐的內在美。你不愛摺動物作品，當然跟你偏愛幾何圖像那簡樸自然的美態有關；另外，這也關乎於你對美的觀念。動物作品的重點在其外觀模做得有多像，然而，對你來説，模做只屬較低層次的美。作品的美不應在於模做，而在作品本身的結構與造型。

你對美的觀點很「柏拉圖」。事實上，在你七十大壽的晚宴中，你曾指出人性本身有追求完美的要求。這追求是重要的，雖然今生未必能達至十全十美，但人總是有這股不可為而為之的蠻勁。在你人生經驗中，你認為摺紙的過程最接近完美，這門藝術有清楚和確實的摺法，好的作品有如柏拉圖的理型觀念是永恆的。因為該作品的摺法一旦被發現了，已接近完全，用紙張把它摺出來只是將這理念具體地實現。用柏拉圖的講法，這是理型的呈現。一張紙用上十年、二十年，無論怎保存也會破損；但當中的構思理念卻永久存在，只要一天還有紙張存在世上，一天摺紙藝術仍可展現其中的美。你説希望日後還有紙張存在，還有人摺你的作品，這也是一種不朽的美。的確，相比你在哲學、神學及教育上的成就，摺紙藝術表現了你最原創的理念。放心吧！今日在互聯網的世界，我只須打上「Philip Shen」，無數你所構思的摺紙作品已超越了紙張的盛載，躍現在電腦螢幕上呢！

和你相處的時候，我發現摺紙對你還有其他妙用。一次你在美國歸來，在旺角花園街跟沈太失散了。你慌張地打電話給我，及至我趕到你身處的冰室，你已經平復下來，因為那時你手中有紙，可以專注摺紙創作，紓減焦慮。當我確定沈太已安然回到大學宿舍時，你便一如以往般無憂無慮的，着我跟你搭火車回大學見沈太。另一次是2002年你和沈太帶我到長江三峽旅遊，在船上百無聊賴的一個下午，我們在餐廳內拿了些餐桌紙，你便開始摺來摺去，並指導我跟着摺；你那投入、認真且享受的神情，至今還歷歷在目。

老師，我已依你的心願，把你有關摺紙藝術的藏書帶回香港，並將一部分贈予香港公共圖書館，另一部分則捐予香港摺紙學會。我到過位於香港中央圖書館十樓的藝術資源中心，看過那批圖書。現在我手上拿着大英摺紙會於 1982 年出版的 *Philip Shen: Selected Geometric Paper Folds*，望着我家裏珍藏着你所摺的作品，或許我也該在紙張裏面，重新發現你留下的智慧。

你的末徒

Samson

Dr. Shen 摺紙作品集

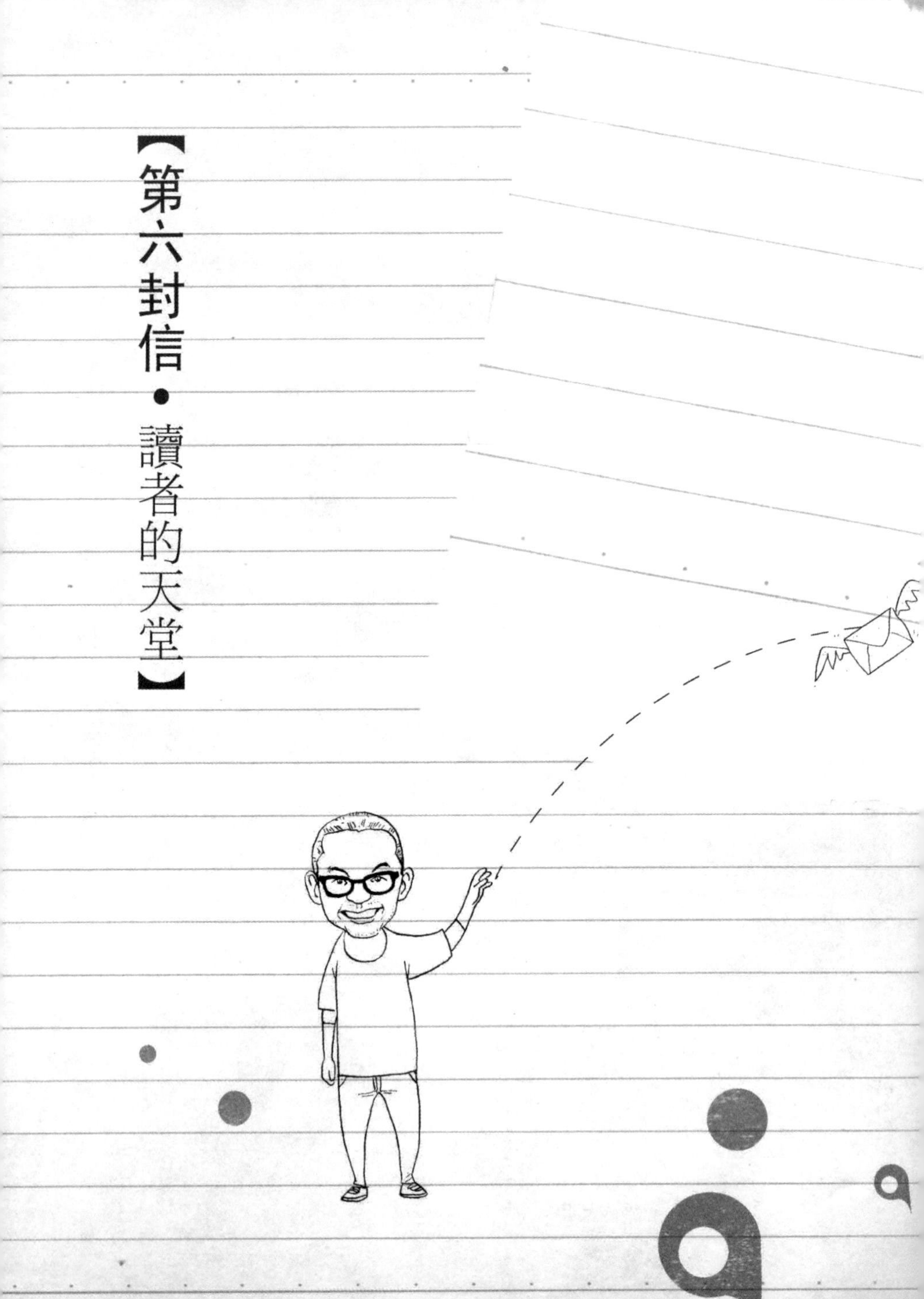

【第六封信・讀者的天堂】

Dr. Shen,

今天很多學生不愛以讀書來汲取知識，他們認為書本已過時，只須上網瀏覽，便可獲得源源不絕的資訊。網絡世界的確提供了取之不竭的資料，但這些資料往往是一些「知識數據」，欠缺深入的剖析，而且其中有真有假，有準確有偏差，如何妥善地選擇及應用當中的數據，成為一大問題。相比這個真假難分的資料庫，書海卻蘊含着更多智慧，作者為讀者展示的，不獨是他所知的資訊，還有他的風格、立論、理解和思路，這是一片容讓我們拓展心靈的廣闊世界。假若一個人從沒有埋首書堆，未曾在書海裏翶翔，實在不能領悟箇中滋味；幸好有你，為我開放了你的藏書世界，也開闊了我的閱讀天地。

自大學三年級開始，你便找我當學生助理。你帶我進入你在宗教系的辦公室，告訴我學生助理的工作性質。當時你已開始準備退休離港，希望整理藏書，找出哪些在大學圖書館裏已有收藏，哪些是沒有的；從而將圖書館沒有的藏書捐予大學，其他則送贈聖公會明華神學院當時仍在建立中的圖書館。這真是一份極有意義的優差，既可以協助你將藏書無私的傳承予未來的莘莘學子，又可以支取大學五十元時薪，簡直是一樂也。

你的確是一個很好的知識管家，從沒有把知識據為己有，視為私有財產；而是在適當時候，將所托管的與普羅大眾、與未來的後學分享。中世紀哲人曾說過：「每一個時代的天才只是站在歷史智慧巨人肩頭上的侏儒。」今日我們雖然擁有先進的資訊科技，生活在一個知識型社會，卻絕不比過往的人類聰明，只是靠賴先哲前賢累積下來的點點滴滴，才得以有今天的種種成就。說穿了，今日社會各方面的進步意味着今天的人欠過去太多了。另外，若要真的把握進步的門徑，我們不能只活在浮光掠影的當下，書本可引領我們進入豐富多采的過去，甚或前人構築出來、匪夷所思的思路迷宮。在你那小小的辦公室裏，我開始領略到在學海翺翔的愉悅。

面對眼前數以千計的藏書，整理方法卻簡單不過。首先，你要我在你的辦公室用廢紙記下各本書的資料，接着到圖書館電腦檔案裏尋找，若查明該書早已存於大學圖書館裏，只須將其書目編號記在同一張廢紙上，插回書內即可；若發現圖書館並沒有那一本書，我便要在你每次回辦公室的時候告訴你，並將那些可能送往圖書館的書擺放在特定位置。說實在，這學生助理工作絕不困難，可說是你在課堂以外的延續教育。

還記得每次你下課回到辦公室，看見我在埋首整理書本時，你毫不關心我的工作進度，反而鼓勵我「偷懶」，告訴我可以閱讀房間裏面任何書籍，看後與你談談。現在想起來，你真是一個奇怪的僱主！就是這樣，你的辦公室不單是我工作的地方，更多時候成了一片讓我自由閱讀、擴闊眼界的天地。

第一次接觸你的藏書，一定會被你在書裏做筆記的方法所吸引。今天我們喜歡用熒光筆塗在重要字詞或句子上，但你的書裏沒有五顏六色的絢爛，卻有百分百的嚴謹和認真。書頁上沒有使用間尺的痕迹，只用鋼筆在重要字詞下間線，每一個段落旁以簡練的文字概括內容，頁間偶有在句子或段落之後畫上星形標誌，在頁底你會自製註腳，加上對作者思想的提問，對作者觀點的批判，又或是表達自己的意見。

單看這樣一本書，便知道擁有它的是一位很認真的讀者，你沒有把它浪費地放在優雅的書架上，而是將它內藏的知識一點一滴的挖出來。有關你的閱讀方法，我曾跟你討論過，你解釋道：「若遇上一部有價值的書，我首先會速讀一遍，間下重要的概念及內容，第二次再讀時便會概括重要段落之內容，及加上自己的批判作註。」多謝你教我如此認真的讀書方法，讓我讀得其法，不致浪費眼下的好書。

除了讀書竅門外，你的辦公室彷彿是任我涉獵的偌大書廊，在兩年助理生涯中，你讓我隨手拿着哪一本便讀哪一本，我因而讀了好些影響自己一生的作家的作品，其中有威廉．湯樸（William Temple, 1881-

1944)、別爾嘉耶夫(Nicholas Berdyaev, 1874-1948)及懷德海等等。每當你回到辦公室，總愛問我：「今天你讀了什麼書？你對作者的思想有何看法？」年少的我不求甚解，怎有資格對大師作出什麼評論，只有道出我讀過什麼書和對內容的粗淺理解罷了。雖然我的回應未如理想，但你總會補充幾句，增加我對該思想家的認識。

還記得當我談起英國聖公會前坎特伯里大主教威廉·湯樸，你眉飛色舞地指出你在大學四年級的宗教哲學課，就是看他的《自然、人與上帝》(*Nature, Man and God*)，你認為這是你看過最好的宗教哲學書。而你的碩士論文正是研究他的啟示論。當時一知半解的我為了逗你高興，在你辦公室拿了湯樸的書背照片，畫了一幅素描給你，你只笑了笑，說寧願我看內文。事隔十多年，我終於聽話了，若我有幸開始博士研究，我準備研究湯樸的思想，現在我真的要埋首於他的著作呢！

我在你辦公室第一本讀完的書，便是俄國哲人別爾嘉耶夫的《人在現代世界中的命運》(*The Fate of Man in the Modern World*)。這位流亡法國的俄國貴族可說是近代的思想怪傑，他深刻且準確的批判了資本主義及共產主義存在的問題，憧憬「新中世紀」的來臨。我深深被他的思想所折服，還為此投稿表達對別爾嘉耶夫的敬意。這是我第一次在閱讀後有如此深刻的寫作激情，要一書而後快。當教會報章刊載後，我興高采烈的拿給你看，述而少作的你竟然鼓勵我繼續寫作。現在寫作已成為我生命中不可或缺的一部分，那本改變我、帶給我寫作激情的書，也是從你辦公室順手拈來的。

談起你辦公室的書，當然不能不提英國哲人懷德海。正因為他的書，我倆建立了更緊密的師徒情，他的歷程哲學（Process Philosophy）更成為我倆的共同研究興趣。你鍾情於柏拉圖思想，是人所共知的；但你在芝加哥大學唸書時，也深受盛極一時的歷程思想影響。不知幾多個黃昏，你的辦公室成了給我私人教授懷德海哲學的課室，我亦在邊讀邊學中着了迷，在懷氏艱澀難解的哲學迷宮中遊走，他的思想更成為我學士論文研究的對象，當然你也成了我的論文導師！

面對如此書海，人怎會不謙虛？怎會覺得自己知識全備？除了以上結下的書緣，我發現在你眾多藏書中，你在芝加哥大學的老師帕利坎(Jaroslav Pelikan, 1923-2005）的著述也不少。我記得你曾說過：「作為學生，買老師的書來讀是應該的。但帕利坎的著作實在太多，不但追看不及，連追買也來不及，所以我放棄了。」當我反問你有否想過出版自己的著作，讓學生們能拜讀時，你卻謙虛的說：「我所教和談論的並無什麼特別，大多是結集前人著作的講法，你看那些著作便行，不用浪費紙張。」學問淵博的你一直忠於當讀者的角色，將一本一本好書引介給後學欣賞。的確，在浩瀚的知識海洋裏，我們有多少的知識也不過如微塵一般，我們這輩侏儒要騎在巨人肩上放眼世界，必先有自知之明，謙虛地從一本一本書讀起，一點一滴地領會書中的智慧。

你在宗教系內的辦公室，就是我這學生助理的天堂，不！是所有讀者的天堂！現在我在教堂的辦公室也布滿了你遺下給我的書本，大大小小、前前後後的圍繞着我，就好像你從沒有離開我，一直啟發着我，也提醒我學海無涯，止於至善。

你的末徒

Samson

P.S：在過去的日子裏，你給我數不盡的好書，今後我每寫一本書，也會將該書獻給你，作為給你的禮物，請笑納。

Dr. Shen 將自己的皮包贈予我

【第七封信・夜的魔力】

Dr. Shen,

夜，總有一種難以言喻的魔力。

不少人三五成羣，夜間在酒吧內流連，借醉道出日光之下不敢講的真心話；又或是獨處家中，看看書，聽聽歌，看看戲，在夜色下盡情享受自我與人生。夜的魔力就好像會吸引人做這做那，叫人不要把長夜浪費在睡眠之中。

你也着了夜魔的道兒，你是中大出名的「貓頭鷹」，夜深不睡，早上不起，到日上三竿才起牀，駕車回校講課。因此，你的課總編排在下午時分，而這也恰恰令享受大學夜生活的我，能夠及時起牀，由宿舍下來上你的課。

你說晚上看書最專心，備課修改講義最佳。這或許是因為遠離了日光下種種人際間的糾纏，真正擁有屬於自己的一片天，在這自由的空間、靜寂的國度，人容易專心致志，享受自己喜愛的種種事宜；不經不覺，時光無聲的流逝，不是晨曦曙光帶來的溫馨提示，也不知道是時候睡了。

我跟一眾宿友也不遑多讓，總愛聯羣結隊晝伏夜出，又或在宿舍裏聊通宵，說的可能盡都不着邊際，但年輕的心就是喜愛這樣。最深刻的一次是在考試時分，凌晨三時許我還跟同房「Jam 歌」，唱的是太極樂隊的《一切為何》，震耳欲聾的電子結他聲跟我的嘶叫聲靜止後，是對面宿舍宿生憤怒的咒罵聲與粗口聲，隔着本來沉寂的夜空傳來，最後還惹來保安組職員「慰問」一番，那些輕狂的歲月至今還歷歷在目。

我們兩個「夜鬼」雖然在同一星空下各自享受夜色，但偶爾也會聚在一起，在你的家裏共度許多個難忘的晚上，當中多段對話我至今仍然感懷至深，藏於心坎，現在趁這夜闌人靜時，與你一再緬懷。

說起來，我也不知從哪時開始到你錦田的家留宿。還記得初次拜訪是系內活動，我們一羣一年級生戰戰兢兢的步進崇基學院院長的家門，屋內並無什麼誇張的佈置，大多是簡單古樸的木傢俬，地上布滿一疊疊舊雜誌，還有放滿前後兩層書的書櫃，這是我對你家居的第一印象。還記得那天你沒有跟我們這羣新生談什麼嚴肅的大課題，只是初步認識我們，並分享你搜集各國玩具的興趣，以及信手拈來地上的舊雜誌，表演你的拿手絕活 —— 摺紙。

我想第一次單獨到你家中夜話，應該是當了你的學生助理之後吧。或許因為我們在你的辦公室談得意猶未盡，又或許你很想借我看家裏的藏書，便邀請我到家中吃飯繼續傾談。記得你開車載我回到位於錦田的住所，首先迎接我們的，是那搖着尾巴的斑點狗「咪矇」，工人蓉姐還在廚房做飯，沈太則在家中默默等候你回來。沈太退休前是崇基圖書館的館長，七十年代團結崇基上下一眾師生，連成一條長長的「人鏈」，將舊圖書館的書籍搬到新圖書館去正是她的傑作。退休後沈太也不愁寂寞，你家中散發着的幽雅花香，正來自她閒時在附近採摘的白蘭花。吃過飯後，沈太時而做點家務，時而陪伴我們一同傾談，由於時間太晚，你的家距離大學頗遠，我不方便再回大學宿舍，於是我們兩個「夜鬼」便開始了一次又一次的夜話。

我們的談話多數在大廳開始，沈太和你相反，很早便要睡覺，而你則愈夜愈精神，當我們走上二樓那間放滿你深愛的摺紙與書本的「工作室」，便開始一浪接一浪的對話。事隔多年，要重尋思緒裏一幕幕的片段，並不是易事；但是回想跟你的夜話本身已是極愉快的事。現在我還留着第一次留宿你家時，你給我替換的粉藍色毛巾衫。還記得第二天起牀，你刻意穿上另一件同款的粉紅色毛巾衫，向沈太展示一番，才駕車載我回中大。現在這件衣服已成為其中一樣我用來記念你的物件。

你告訴我你很怕社交應酬，尤其不會閒聊。當時還未曾在社會工作的我只感到奇怪，平日雄辯滔滔的你又怎會害怕茶餘飯後的私語？何況你還是大學高層，不同的社交應酬不是已經司空見慣嗎？現在入世深了

一點，我才明白公開言論及閒聊私語確實有天壤之別。這有點像柏拉圖對「知識」跟「意見」的分別。你平時愛談的是知識。無論任何話題，是平常生活現象，甚至是粗口俗語，你也會以認真的態度加以提問和分析，並將自己暫時得出的思想結果與人分享。簡而言之，這是求知者的日常操練，跟你對話就是去品味你求知過程的縮影。

反之，你所怕的閒聊私語則是另一回事！無論是張家長，還是李家短，也只是搬弄過來的流言蜚語，完全沒有證據支持，只是人們說得鬧哄哄，自己也不甘人後，把是非拿來當茶餘飯後的甜點，甚或主菜。這種閒聊充其量只是「意見」，滿足人偷窺的慾望，不屬真正求知的範疇。執於求真的你又怎愛說這些無根據的空話呢？因此，你也不愛說你對別人的評價。當我談到對某人或某事的想法時，你只默默地聽，彷彿在記憶庫裏加入一個檔案，當我下一次再談那人那事時，你便將從前的檔案拿出來，給我自己作對照，到底是我對那人的觀感前後不一？又或是新資料成為過往觀點的佐證？你待人正面，常予人機會，不會武斷的給別人下判語；你的檔案總是開放着，容許自己或他人改變。在這樣開闊的胸襟前，我又怎敢說三道四呢？

容我大膽的說，我認為你不善私語還有另一個原因。骨子裏你是傾向以理性保護自己的人，無論面對複雜的人際關係，還是表達情感，你也不太敏感，也不太懂得如何流露。有一次你真的令我捧腹大笑，還記得跟我談及在美國留學時的「艷史」嗎？一位女同學邀請你到她家裏跟其父母共度寒假，你雖然一口答應，卻不解溫柔，結果做了女同學家中的怪房客，從早到晚躲在房裏讀柏拉圖的對話錄！

我們的夜話既然不談別人，便只有書本、思想家、你和我了。還記得畢業那年你是我的論文指導老師，有一晚在你家中留宿時，你除了跟我談論文初稿外，也關心我的未來。你問我：「你想當學者？還是牧者？」當時我深知道若我選擇前者，你一定可以為我安排一條邁向學術界的大路；但我撫心自問，自中三到大學，一直清楚自己的呼召是當牧者，雖然我在崇基遇上了你，開悟了我對神學的興趣，但牧職還是我認

定的終身職志（vocation）。於是我答道：「我還是想當牧者，因牧職是我的使命，而神學是我的興趣，我可以業餘繼續進修、研究及寫作。」的確，我今天果然走上了這條路。

還記得當時你叮囑我要繼續閱讀，當上牧師後若有機會便要繼續進修，不要停止寫作。談起牧師，你想起自己父親沈漢新牧師，你告訴我他起初很想你當牧師，但你遲遲不肯應承，因為你認為牧師最需要的是愛心，你覺得自己不夠愛心，尤其是對一些愚蠢的人，你沒辦法去愛，由於無法達到兼愛的要求，你放棄了當牧者的選擇，走上學者的路。對你來說，大學講學的確是合適不過！你確實沒有選錯。而到了今天，我仍然覺得自己走對了，我不會忘記當牧者應常存的愛心，也不會疏於學問的功夫，這是我對你的承諾。

自你移居美國後，你每次回港也會住在靠近大學火車站的宿舍，我也例必到那裏跟你通宵夜話。在 2003 年你最後一次回港，那時我結婚不久，跟妻子劉偉一起到你的宿舍，幫忙收拾你和沈太翌日返美的行李。

那天我們其實只用了很少時間執拾行李，哈，大抵這只是我倆的藉口，讓我們在臨別前促膝談心。但出乎意料的是，那天晚上叫我最深刻的，不是我倆的對話，反而是你跟我妻子的談話。

還記得劉偉問你什麼嗎？她問道：「在我心中一直有個疑問，范晉豪那麼反叛，為何你竟會這樣喜歡他？」當時你面露笑容，想也不想便回答道：「噢！反叛很好，是活力的表現，是一種生命力。」的確，我自小就很反叛。無論在任何環境或關係中，反叛總被視為負面行為，攪動甚至破壞周圍的穩定。不少長輩也教我加以抑制及糾正，但你真的與別不同，鼓勵我接納並善用反叛個性中的正面價值，這真的令我很感動。今天三十五歲的我還是有點反叛，但我會謹遵你的教誨，讓這個性用得正面，發放生命的活力。

由於次日要工作，不便留宿，我們談至凌晨十二時便要趕乘火車回家。你堅持陪我們到火車站去，還記得當晚很冷，當你送我們至火車站後，我們還是感到不安心，於是又送你回宿舍。就在我們的往還相送中，天氣的寒冷也被我們的對話封鎖；我感到的只是暖暖的關愛，直至現在，仍在暖着我的心。

你的末徒

Samson

Dr. Shen、劉偉和我的夜話

【第八封信・學術人生】

Dr. Shen,

人是天生的冒險家，生命正是一個冒險的歷程，人在生命中經歷的每一幕，不論是平平無奇，還是驚心動魄，遇上的人與事構築成巨大的生命網絡，供我們篩選，作為創造未來的素材。事實上，今天的我所以是如此這般的我，而非另一個模樣的我，完全是過往每一刻的生命在更大的生命網絡中作出選擇，從中累積而成的結果。而今日的我又朝着明日那未知的我邁進，義無反顧地投進生命的洪流，不斷在冒險奮進中衝擊變化，創造出未來的一片天與地！

這是一幅多麼壯闊的圖畫！這也是由生命激流譜寫成的絕唱！這更是你在崇基四年裏給我的最大禮物——從當代大哲懷德海思想得出的人生智慧。對於懷德海的思想，我不是從你的課堂上學到的，而是在你的汽車上、辦公室及家裏閒談中，點點滴滴地累積起來的。作為哲學家，雖然懷德海的著作出名艱澀難懂，但你對其思想的熱愛激勵了我，教我偏向虎山行。還記得我在大學三年級下學期，向你表示將以懷德海思想作畢業論文題目時，你瞪大雙目，嚴厲地警告我這研究的困難，但又掩不住心中的喜悅，笑說願意當我的論文指導老師。現在讓我談談在你喜愛的思想家身上學到什麼。

說實在，懷德海的確是當代哲學家的異數。首先，他研究的形而上學（metaphysics），是要解釋這世界事物及其中的關係。在現今學術界分科精細的狀況下，一般從事哲學研究的人不會上通天文，下通地理，同時精通文理世界的，更遑論建構一套無所不包的形上體系；但生於英國維多利亞時代晚期，飽受古典文史哲教育，及後於劍橋求學，精研數學，與其弟子羅素（Betrand Russell, 1872-1970）合著上世紀數學經典著作《數學大全》（*Principia Mathematica*）的懷德海，正是如此博大精深的學術巨人。他在英國的劍橋退休後，旋即飛往美國的劍橋開展另一範疇的學術生命，正是形而上學、科學哲學、宗教哲學及歷史哲學的研究。

基於他特殊的知識背景，他能將數理科學知識及文史哲學融會貫通，創建了上一世紀碩果僅存的形上體系。

不過，正因為懷德海並非受正規的哲學訓練，他所創造的哲學術語自成一格。要進入他的思想體系，彷彿要重新學習哲學語言，才能冒險進入其知識迷宮。起初讀他的著作，的確需要慢慢的細心咀嚼；情況甚至好像一個骨折的病人喪失了走動的能力，要透過物理治療，重新學習行走一樣。我彷彿成了一個患有思想骨折的病人，而你就是思想的物理治療師，慢慢協助我立足於懷德海的形上學世界裏，一步一步的摸索前行。

過程雖然艱苦，卻令人十分回味。還記得大學四年級時，每當我完成論文一章的初稿，便會給你過目，你定必仔細審校，認真回應。在快將呈交論文之際，深宵不眠的你叮囑我晚上致電給你，和我逐頁逐頁的討論仍可改善的地方！在手提電話還未普及的九十年代，住在宿舍的我要待夜闌人靜，沒有宿生用電話的深夜二時許，站在宿舍的公共電話旁，拿着厚厚的畢業論文初稿，開始漫長但令人享受不已的學術討論。試問哪有老師願意為學生付出那麼多？作為學生的，又怎會不將此情此境銘記在心呢？

除了懷德海的歷程哲學給予我的思想激盪之外，你喜愛的柏拉圖在我思想成長的歷程中，也佔有一定的地位，就是因為你的通識課「柏拉圖與《理想國》」，讓我有機會發揮寫作的創意。柏拉圖乃古希臘哲學巨匠，他流傳下來的著作甚豐，懷德海曾言道，整個西方哲學史都是柏拉圖哲學的註腳，可想而知他對西方思想的影響何其深遠！他的《理想國》（*Republic*）最為人熟悉，也最惹人爭議，尤其是當中的政治思想，在當代亦激起熱烈的討論。在這門通識課，你要求學生認真地閱讀《理想國》這部巨著，而功課要求就是寫一篇圍繞柏拉圖《理想國》哲學思想的論文。

自中學時代，我已喜愛寫作，將所見、所聞、所思、所想，嘗試用文字一一表達出來，又藉着這練習深化自己對這些人和事的感悟。上了

大學，我更愛上嚴謹的論文寫作，這成了我在思考上整理不同課題的有力工具。閱讀柏拉圖的《理想國》，我被他那善於以對話方式表達哲學思想的寫作模式深深吸引，若我能突破一般學期論文的格局，像柏拉圖那樣，能以對話模式準確分析研究課題、鋪陳清晰的論點，以及作出有力的批判，這絕對是十分富挑戰性及有趣的嘗試。

在課堂上，你也曾提及當時剛去世不久的英國哲學家卡爾・巴柏（Karl Popper, 1902-1994），他在政治思想上一向不認同一套通盤的社會企劃藍圖，他相信務實而逐小逐步的改革，才能建設真正開放的社會，因此他在《開放社會及其敵人》（*The Open Society and its Enemies*）一書，便對以柏拉圖為首的烏托邦政治理想作出極尖銳的批判，這激發我論文創作的構想，嘗試把處身於不同時空、地域的柏拉圖與巴柏帶進一個虛擬的空間進行哲學對話。這篇學術論文的目的不但希望透過這場對話，評論巴柏對柏拉圖理想國的批判公允與否，一窺政治與哲學之關係；此外，我更希望透過對話的表達方式，以文學的手法突顯自己心目中兩位哲人的個性，作為一次把哲學討論與文學綜合表達的嘗試。

當你聽到我這麼大膽的論文構思，你並沒有從功利的角度，指出一篇學期論文不值得耗費如此大的心力，你也沒有以懷疑的態度，質疑我的能力，你只是一如以往地支持學生勇敢地將所想像的具體地實踐出來。結果令人出乎意料的興奮，也讓我在學問功夫上被肯定。這份通識課的學期論文，居然讓我獲得文學院的學術創作獎。你也十分喜歡我這份功課，還在往後用作範本教學，鼓勵學生運用創意寫作論文。沒有你的鼓勵和肯定，我也不會如此嘗試，也不會在畢業論文中用故事模式討論懷德海的上帝概念。作為學生的我雖然大膽嘗試，也需要大度的老師如你，給予信任與機會，遇上如此一個生命師傅，真是恩典！

大學四年級可說是我各方面皆被肯定的一年。除了獲得學術創作獎外，宗教系當時的系主任還推薦我角逐文學院的傑出學生獎，經過多次面試，最終真的讓我獲得此殊榮，當時你為我高興不已。崇基學院鼓勵我再上一層樓，角逐另一個學生獎項，可惜這次落選了。猶記得我知道這個消息後，帶着點點失望的心情回去自己居住的「新宿」(即利樹培堂)。恰巧你跟舍監陳特教授在門前傾談，我便將我落選的事告知你倆。一向樂觀的你，笑言一個學生不應該得到所有獎項，因為這只會引來驕傲與自大，反而窒礙往後的進步。那兩個獎項已經肯定了我這四年來的付出與能力，你認為我得不到這次獎項反而是一件美事，提醒我仍有進步發奮的空間，不要就此停步，自滿於過去的榮譽而不思進取。

你的見解是對的。學如逆水行舟，不進則退，若我自滿自足的以為把握到人生智慧，只會將自己封閉於片面的見解之內，故步自封，白白讓跟智慧相遇的機會溜走。學海無涯，柏拉圖提醒我嘗試開放，在不斷跟時人時事的對話中學習與成長。而懷德海則向我發出一生的挑戰，人生的學問是今生永不會完成的追求，但每踏前一步，求知歷程帶來的喜悅將會伴隨終生，教人鍥而不捨，孜孜不倦的繼續追尋。Dr. Shen，你就是這求知歷程的先導，更是當中的佼佼者。

你的末徒

Samson

獲文學院傑出學生獎後留影

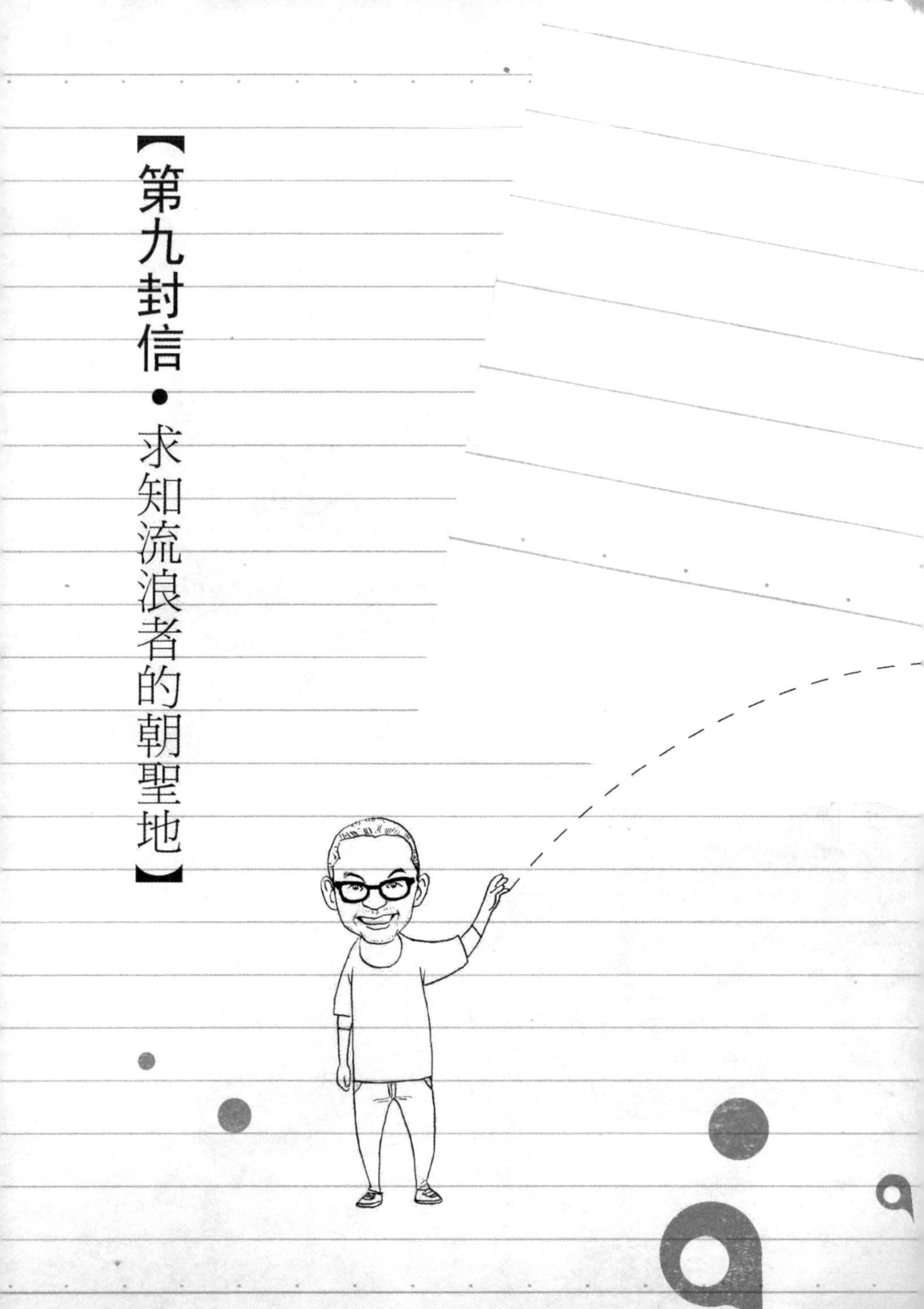

【第九封信・求知流浪者的朝聖地】

Dr. Shen,

先前的八封信，都圍繞着我在大學時代跟你近距離的相遇。1996 年是我畢業的一年，雖然你在我畢業之前的一年退休，但你仍擔任兼任講師的職務至 1996 年 7 月為止。某程度上，我和你也在同一個年頭離開大學，進入生命的另一個階段。我跟一般畢業生無異，離開四年的大學生活，就好像脱離社會給予青年人的保護網，自此要如實地面對自己人生或崎嶇或平坦的前路。

對你來説，情況則不大相同了，你離開工作及生活了三十四年的崇基學院，離開這個熟悉的環境。我初時想，退休生涯對你來説，應該是人生更大挑戰的開始。不過當我想深一層，總覺得你像一個求知的流浪者，在人生歷程裏慣於流徙的你或許不當一回事；因為你從未找到真正稱為「家鄉」的地方，轉眼在世飄蕩了六十多年。這一次退休，或許只是你重新上路，繼續你人生的朝聖旅程罷了。

為什麼我會覺得你是求知的流浪者呢？我記得在多次談話中，你十分重視自己作為客家人的身分。客家人的「客」字，代表自己是作客的，不是本地人，是中原流徙至南方的族羣。在美國探訪你的時候，你更跟我談及客家人自秦始皇至清末，六次大小不同的向南方，甚至南洋及台灣等地遷徙的歷史。綜觀你的一生，你似乎也背負着客家人這種到處流浪的命運，在你未出母胎以先，父親沈漢新牧師便被派往菲律賓馬尼拉聖彼得堂事奉，當你於 1931 年誕生於馬尼拉，便生而為異鄉人，以華僑作客的身分來到這大千世界。

我讀過你 1965 年寫的那篇〈海外華人知識分子的任務〉及 2001 年的〈往那應許之地〉(*To the Promised Land*)，兩篇文章都談到「華僑」的身分，你很透徹地點出這身分帶來的張力和困局。作為華僑客居的你，明白僑民根本沒有在異地生根的打算，那只是借來的時間與空間；第一代僑民總是心繫故土，對身處的異地既無感情，亦無承擔。然而，當環境迫使僑民長期定居下來，甚至有了下一代，華僑便要重新檢視這雙重國籍的身分；如何自覺地在參與當地生活及保存中國傳統文化價值之間取得平衡，成為他們必須正視的課題。這或許也是你父親在馬尼拉所面對的問題。當他有了你這個第二代華僑孩子，他便要為你中國化的成長打算，我認為這或多或少構成你那流浪者的素質。

你曾告訴我父親管教甚嚴，從小不准你跟菲律賓的鄰居甚至同學混在一起，惟恐你學「壞」，沾染他們非中國化的「不良」習性。可想而知，你父親選擇了讓第二代華僑的你留在華人圈子裏，避免跟菲律賓人接觸過多，淡化了你的中國民族性。因此，你自童年起已缺少與人相處的經驗，自小已被教導菲律賓不是你的家鄉，但對未曾踏足祖國的你，只能透過父輩得到抽象而零碎的二手資料，從陌生的想像中，着實難於建立實在的歸屬感。我認為正是這理由，塑造了你不容易為身分定位的流浪者特性。

加上在 1941 至 1945 年的太平洋戰爭期間，日軍燒毀了你在馬尼拉的居所。你曾回望平凡簡單的一生，除了十至十四歲時經歷這戰亂外，並沒有經過太大的風浪。根據你在文中自述，當時已是青少年的你，除了跟妹妹一樣感到害怕之外，還多了一份理性的反省。這不但培養了你終身反戰的思想，也讓你首次認識充滿破壞、苦難與死亡的成人世界。在你成長的歲月裏，外在的世界除了陌生以外便是破壞，怎能讓你安身立命呢？或許是客觀環境使然，知識的世界就成為了你的安樂窩。

的確，書本與教堂在你的成長階段裏，提供了另外一種出路。你告訴我父親喚你作「書蟲」，因為你在馬尼拉度過的二十二年青葱歲月，常常埋首書堆，與書為伴取代了結交朋友，成長的地方也區限於教堂及學校之內。我猜想，對於你這國族身分不實在的流浪者，眼前另一條較實在的路向，正是尋真求知的朝聖之路。原來知識與真理可以跨越任何國族，不但可填滿邊緣身分帶來的空洞，更為人生追求提供一個長遠又實在的目標。如此，這流浪者便變成了求知的流浪者。

經過二十二年的華僑生活後，你在 1953 年赴美求學。猶記得你憶述旅美的第一個深刻印象。當時你坐長途車由三藩市往西雅圖方向進發，趕在開學前參加一個留美華僑學生的會議。那時夜色正深，又離鄉別井，你望着車窗外一片漆黑的汪洋，忽然悲從中來，家對你來說是遙遠得渺茫，對於明天及往後的歲月，只有一個個問號，你深感孤單與焦慮。這時候你在禱告中忽然想起紐曼（John Henry Newman, 1801-1890）於 1833 年譜寫的《慈光歌》（*Lead, Kindly Light, Amid the Encircling Gloom*）：「我不求主指引遙遠路程，我只懇求，一步一步導引。」自此，這首十九世紀的聖詩便成了持續支持你這求知流浪者的禱詞。

再經過差不多十年的留學生涯，你先後在 1955 年完成歐柏林學院（Oberlin College）的碩士學位、1963 年完成芝加哥大學的博士學位，雖然不少親友也鼓勵你從此定居美國，但流浪了三十多年的你獨排眾議，決定「回到」你從未到過的祖國工作。由於當時政局不穩定，亞洲基督教高等教育聯合董事會便推薦你到香港，開始你在崇基學院三十四年的教學旅程。由菲律賓到美國，再由美國到香港，你終於走進以華人為主的社會，在這裏你滿以為終於找到家鄉，誰不知這裏只是你停留最久的驛站，當你完成了在這裏的使命，你又馬不停蹄的流浪到生命旅程的另一站。在 1997 年，你選擇了在世生命的終站，也是求知流浪者最終的歸宿 —— 朝聖地。

當你在香港退休時，受到一位名叫愛倫（Ellen Studley）的女牧師，也是一位前中國宣教士的邀請，往美國南加州克利蒙的「朝聖地」（Pilgrim Place）定居。朝聖地成立於 1915 年，為來自世界各地的退休牧者、宣教士、神學院教授、不同宗派及慈善團體的行政人員而設，讓他們聚集在這裏，於退休後能繼續在這羣體貢獻他們一生所長，並在彼此的對話交流中，開放自己學習新事物的機會。

我深信這個朝聖地絕對適合永不停止求知的你。事實上，在你每次回港或電郵通訊中，你也一而再描述在朝聖地的所見所聞，分享你的新知新見。朝聖地的居民也自稱為朝聖者，似乎他們在世上漂泊了大半生，最終的歸宿並不是任何種族或國家。求知流浪者的真正身分是一個朝聖者。正如你在〈香港的盼望〉一文提及過，你引用了《聖經‧希伯來書》的章節，提到我們不應將任何地方視為家鄉，因為人在世上沒有永久的家，我們在世上不過是異鄉人和流浪的旅客，要抱着在世卻不屬乎世界的心懷，在盼望中迎向每一天。

正是擁有這份從信仰而來的盼望，我們的眼目便不會受面前的成敗得失所掩蓋，更不會害怕沒有依靠。當人的盼望建基於永恒，我們便不怕今生今世找不到穩固的歸宿，因為我們一早已放棄視暫時的一切為永恒。因此，你的退休離港雖然教我不捨，但也叫這初出茅廬的學生要勇敢面對眼前虛幻的順流逆流，哪管最終飄泊到何方，仍然有勇氣在真道上流浪！

你的末徒

Samson

Dr. Shen 稱這幅相為「The First and the Last」，即是首徒和末徒的合照，那「負離子」頭的男子就是我

【第十封信・未完成者的啓航】

Dr. Shen,

自你定居於朝聖地以後，離開大學的我也朝着自己的方向努力。雖然跟你相比，我所走過的路還只是在起步階段，但我也渴望跟你這求知的流浪者分享畢業後人生路上的幾段轉折：如何由在學到工作，再由工作到讀神學的故事。

相信你不會忘記我跟你提過，自中三起我便朝着教會工作的路邁進。大學畢業時，我本以為可以立刻投身教會。不過，只有二十二歲的小伙子未免太年輕，教會為着我的好處，希望我先汲取更多工作經驗及人生閱歷，才接受為培訓牧師而設的神學訓練。只是當時年少的我又哪會明白教會的苦心？只想愈快進入教會工作愈好，教會的善意只讓我感到是對我回應上帝的阻礙，心底當然不好受。

那時我賭氣的想，既然教會要我汲取多些人生經驗，那麼我便去當警察，既富挑戰性又能涉足世情，這絕對能滿足教會的期望，能在短時間內變得入世老成吧。哈！加上我自小健身，在大學一年級選修的「體能鍛練」課以甲級成績完成，我對自己的體能充滿信心。無奈地，我天生極深散光眼，摘下眼鏡近乎目盲，又怎能通過視力測試呢？於是我打消了投身警界這個念頭。不消片刻我又轉念，不如做保險從業員吧！從事保險行業必須不斷面對不同的人和事，從中既可訓練自己的口才與膽量，更可以增加自己的人生歷練。既然心意已決，我便決定好好享受大學最後的暑假，待 9 月過後才找保險工作好了；畢竟在那個年頭，大學畢業生要找一份保險工作，絕非難事。

年少輕狂的我一向喜愛用一些象徵的舉動來表達自己的決心。如在小六畢業那天，我竟然在同學面前表演，由一樓跳下平台。請別誤會，我完全沒有自殺傾向，其實我很怕死，只是我大概並不知道「死」字怎樣寫，竟希望透過這象徵行動表示我要跳出小學這囚牢。到了大學畢

業，我又做了另一項幼稚的象徵舉動，就是剃光頭髮。當時你在校園看見光着頭的我，驚訝地問我為何削髮。我的答案真是無聊透頂，因為我那樣做就是要禁絕自己在暑期便開始找工作。你聽罷只呆了一呆，笑了一笑。現在回想起來，我也不敢相信二十二歲的我居然是如此低能，實在不可思議！

其實，禁絕自己在暑期開始找工作還有另一個原因，就是不想當教師。在九十年代中期，一個大學畢業生要找一份中學教席並不難。當時我對教學工作心存偏見，認為中學教師每天接觸的只是黃口小孩，汲取的人生經驗有限，能夠學到的也有限。於是我在 5 月申請中學教席的高峰期毅然落髮，為的是逃避自己捨難取易的「引誘」。哈！你看到這裏，想必會發笑。正如改寫自《聖經 · 詩篇》第 2 篇的猶太諺語：「人一思索，上帝就發笑！」，年少無知的我挖空心思要逃避的，最後居然怎躲也躲不過。但當認真經歷過以後，才發現自己的幼稚可笑，原來人生的歷練並無一條簡單的公式可依循。許多時候並非工作的種類，而是面對問題時的態度，決定你能夠從中獲得多少珍寶。

我之所以有以上的感悟，因為我最終竟然當上了起初最不想當的中學教師！不過事實上我並沒有違背自己當天的決定 —— 在暑假找工作，情況恰恰相反，是工作找着了我！事緣我在暑假旅遊後回家的當天，父母告知宗教系有人找了我多天，原來有一位任教中學的師兄移民澳洲在即，極渴望宗教系推薦一位學生接任他的教席。當時你已經退休了，我相信你並無參與其中，結果宗教系推薦了我，希望我聯絡該名師兄了解詳情。當我聯絡上他，他居然告訴我翌日便是往學校面試的日子。事情如此突然，我只傻氣地告訴他我還未寫求職信，只有幾張畢業前試寫的履歷表，然而這師兄卻同樣傻氣地叫我不用寫求職信，直接傳真履歷表到學校即可。

面對這突如其來的抉擇，我本着一試無妨的心態，心想那麼多人面試，自己頭髮還未長齊，加上沒有什麼時間準備，就當是一次體驗面試的機會吧！於是我第二天便到該中學面試，我忘了面試了一次還是兩

次，但結果是校方居然聘請了我。那時我真的有點左右為難，就如金庸武俠小說《雪山飛狐》的經典結尾對白的改編：「這份工是做？還是不做？」最終我還是敵不過自己的惰性，捨難取易的打消了當保險的念頭，成了這學校的宗教科老師。

由於沒有付出太大努力就得到這個教席，自負的我滿以為應付一羣中學生，理應手到拿來。學校早會的短講可說是磨練自己講道的平台，我很快便掌握了；然而，在教室面對學生才是真正遇到挑戰的地方！我也渴望像你一樣，能夠當個啟蒙人心的好老師，讓學生分享到尋索真理的趣味。我滿以為自己有學問、有熱誠，便能感動學生對生命及信仰作出思考，原來現實並非如此簡單，讓我可以輕易地達到目標。除了個人努力外，客觀的因素是個人無從把握，卻又極為重要的。宗教科在校內雖然是每級的必修科，但由於不用參加公開考試，在學生心目中只是可有可無的閒科。

當學生早已抱着先入為主的觀念來上課，無論我拚盡九牛二虎之力，運用最生動的教學方法，引用最新的電視及電影作反省素材，冀望能吸引大部分同學的注意，但結果還是強差人意。我不能說我的教學全無果效，然而整體情況還是很難令人滿意，大部分同學還是閉上耳朵，自顧自的溫習其他科目，幹別的事情。當考試臨近，眼看學生無心上課，只顧偷偷溫習時，我索性效法中學時的老師，在黑板寫上「收爐」二字，讓他們名正言順地溫習。諷刺的是，直到今天這羣學生最津津樂道的，反而是我這項「德政」。

經過課堂上的實戰，我才知道我太高估自己的能力，過分低估理想與現實的距離。在未畢業以前，懷着雄心壯志的我以為自己很偉大，世界很渺小，可以輕易的改變世界；誰知道事實剛好相反，踏足社會後我才駭然醒悟，這世界很大，自己卻很微小，改變的不是世界，反而微小的我卻一天一天的改變自己，適應着社會的步伐。我不期然想起老師你的教訓：「人要有自知之明。」起初我以為很了解自己，其實不然，離開了校園的保護罩，才發現自己還未能夠應付社會的挑戰。這時我知道我

輕視了自己在教會服侍的理想，把一切都看得太容易，不願踏實的走當下的每一步，去裝備這未完成的我。

當我踏實地讓每一天的經歷去教導和充實我，兩個年頭很快就過去了。我在不少同事和學生身上學到很多，彼此也開始建立了情誼。當我慢慢適應這一切，教會卻通知我可以在 1998 年 9 月入讀明華神學院，開始聖職候選人的訓練。我不確切知道兩年的教學工作使我的人生經驗增加了多少；但可以肯定的是，這兩年改變了我對自己、對人和對世界的態度，學會接受欲速則不達的道理，明白到一步登天只是對理想的侮辱，應該一步一步的耐心等候，順着生命經歷的導引前行。或許因為這樣的領悟，我這個未完成者才有資格，開始向着理想啟航。

還記得 1998 年年底你回港時，我帶你和沈太逛深圳書城，在晚飯時將這兩年的學習與你分享；你還是一貫的給予支持，樂見我有如此的反省和成長。Dr. Shen，今日我還是個未定型的未完成者，我會提醒自己，不要輕看目下的挑戰，仍須要你繼續提醒學生沉着地在生命海洋裏航行，讓我能像老師你一樣有着慈光導引，一步步的向着理想前進。

你的末徒

Samson

P.S：老師，現附上一位學生在其網誌上對我教學的印象：

風扇（Fan）老師是在我中三那年到我們學校教書的。他的形象嘛，粗眉大眼加上豎起的短髮，粗框眼鏡背後有時閃着頑童的眼神。還有，他教員室的書桌上竟放滿了動漫人物公仔！到底他怎樣教學校的欽定教科書我已不記得，只記得他在堂上口沫橫飛地講天龍八部。他又常在堂上講聖鬥士星矢、高立的未來世界、超時空要塞及高達等等等等等……厲害之處是他可以從這些動漫作品帶到人文關懷。他對各類神話故事、動漫作品、生活人事的分析，令我們毫不困難亦不自覺地接受了背後某些基督教理念。他很強調獨立思考，常引導我們去接觸不同的思想，思考不同的問題。當年校報請幾位老師向學生推薦讀物，我正好是負責該文的小記，其他老師的推薦通常都是一至兩項，風扇老師竟然給我們開了個清單，我和另一小記嚇了一跳，跟他説篇幅沒那麼多，他一副忍痛割愛的樣子然後又是一輪口沫橫飛的介紹。他的推介之一張燦輝及周兆祥著的《將上下而求索》，我還真的跑去借了回來，影響倒也不少呢。

畢業時和 Dr. Shen 合照

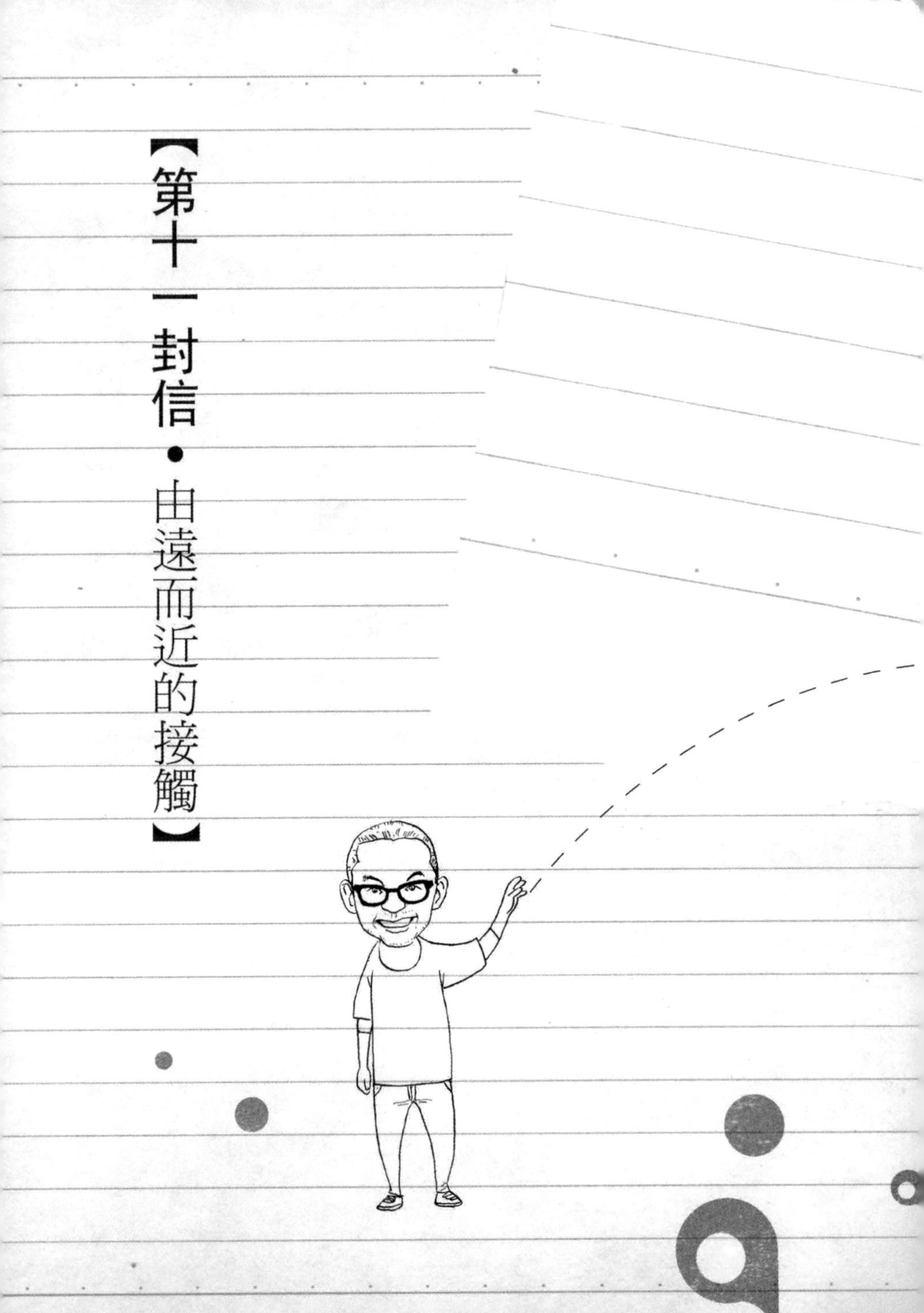

【第十一封信・由遠而近的接觸】

Dr. Shen,

你退休後的生活雖然多姿多采，但也沒有忘記香港。你幾乎每年也和沈太回港跟昔日同袍及學生共敘。在 1997 年第一次回港時，你給我一些在朝聖地買的舊書。原來那裏的退休學者愛將自己的藏書拿出來，給二手書店用低廉的價錢售賣。如此，不同的學者都可在這書店「交換」平生收集的不同專科的書籍。這對愛閱讀的你無疑是大好良機，盡情涉獵不同課題的專著，充實心靈。慶幸你並沒有忘記在港的學生，每次回來你也例必順道帶來一些書籍，開拓我的思想領域。

為要報答老師送書之恩，在 1998 年我剛由老師轉回當學生之時，我決定帶你和沈太見識一下又便宜又多書的深圳書城。在一個週六的早上，我們相約在大學火車站月台，乘火車往深圳去；那次是你首次往書城，你那充滿童真的好奇心躍現於整個旅程上。書城藏書量之豐，價錢之廉宜確實令你為之驚訝；但令你印象最深的卻不在此，反而是往書城那段亡命飛車之旅。我相信至今你還津津樂道。

當時深圳的交通並沒有今日規劃得那麼完善，的士及電單車充塞着火車站附近的道路，司機各自叫喊，吸引過路人乘搭自己的車輛。我們走到香格里拉酒店附近，僱用了兩輛三輪電單車，向深圳書城進發。由於內地駕駛者普遍沒那麼注重交通安全，那兩名司機完全不跟從交通規則，一時反方向行駛，一時響着鞍走上行人路，務求最快達到目的地。由於我常常到深圳買書，對這種違規的駕駛方法已司空見慣；但對你來說，卻是新鮮有趣得令人難以置信。下車後，你心中那份刺激感仍然久久不退，買書後一同用膳時，你仍一再提起，可想而知你內心有多興奮。

你連聲稱道這是一次美好的乘車經歷，回到朝聖地可以與同伴好好分享。可能很多人會問，那麼危險，又何來美好呢？你那份童心就讓你看出事物背後另一面的意義。這經驗所以美好，完全因為它帶來一種新視域，扭轉了你一直對駕駛或乘搭交通工具的理解，如此，這經驗使你

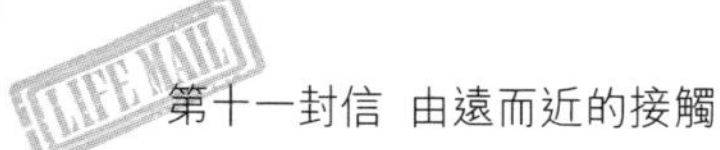

對習以為常的生活作出批判性的反問：「難道非如此不可？」這種對「非如此不可」的抗拒，成為你不斷反思、追問、甚至創新的原動力。

席間，我也跟你分享過去兩年身分轉變期間的心路歷程。你和沈太極細心的聆聽，一如既往的鼓勵我，支持我的決定，也重申我輕看教學是錯誤的。你分享在崇基學院三十多年的教學生涯也不是完全無風無浪，當中曾牽涉的人事關係，若沒有同袍的意見與支持，也難以解決。你用自己的經驗和例子提醒我不應操之過急，人生體驗不能如此「人工化」的勉強得來。每個人要走的路殊不相同，汲取人生經驗並無公式，更沒有非如此不可的道理。

的確，年輕時的我太急進，太貪得無厭，渴望一下子便能領會更多，成長得更快，立刻在教會實踐理想。那時我還未懂得順其自然、隨遇而安的道理，還有着青年人過分自我、過分渴望操控命運的偏執。沒錯，成長並沒有非如此不可的道理，我也學會珍惜當上教師那兩年的經歷，一些昔日的學生更成了今天的尋道者和教友，那兩年的身分仍在發揮其作用，仍在改變着今天的我呢！謝謝你的訓誨，我不會再輕視過去的經歷，也不會輕易讓它溜走。

那天，我們還談到剛成為神學生的事情。雖然我在當本科生時，已在你的指導下打好了扎實的神學基礎，在重新讀神學時，表面看來所讀的是那麼重複，當時你直接問我會否介意，我還記得當時的答案，我理直氣壯的表示不介意，或許我多少受懷德海思想的影響，覺得學習是一個不會止息的歷程，沒有所謂學得足夠，能有三年時間讓自己的神學根基打得更深更廣，未來可能受用無窮。

另外，大學畢業理論上意味着畢業生擁有自學的能力，從此所有課程只是輔助性質，學習不只是滿足課程的要求，最重要是學生有沒有求學的心，有否善用客觀的環境來增益自身的學問，力求精進。因此，當時我視那三年神學訓練為在教會服侍前不可多得的機會。猶記得你聽罷十分高興，不單認同我這想法，並囑咐我將學期功課電郵給你，讓我能多聽一點意見，多一點成長。

我當然聽從老師你的吩咐，也感激你願意繼續在學問上指導我。於是我們便開始較頻繁的電郵往還，除了互相問候近況，也談論我在教會報章的寫作和功課，而你也分享平日所看的文章和關注的事項。每次你回港我們必定見面，也差不多例必到你的宿舍留宿一宵，促膝談心。光陰飛逝，轉眼間三年歲月如煙，踏進 2001，是一個對我倆極富意義的年頭。因為我將完成神學訓練，9 月份開始擔任牧職，在教會一展抱負；而這年的 6 月 17 日更是你能從心所欲而不逾矩之年。為慶祝你的七十大壽，在這年的 6 月 13 至 14 日，香港中文大學宗教系、哲學系及通識教育部一眾師生聯合舉辦了一個名為「宗教、哲學及大學教育理想——沈宣仁教授七十大壽學術研討會」。

這研討會根據大學古老的傳統，除何秀煌教授和陳特教授外，其他在研討會上宣讀論文的學者，盡都是你的學生，他們更一早計劃將這些論文結集成書，作為向你的致意。當你得悉此計劃，未回港已透過電郵鼓勵我參加，但由於還要在神學院上課，我未能出席那兩天的研討會，但你仍然堅持希望我呈交論文。當時我認為最有代表性的一篇，莫過於那篇〈柏拉圖與巴柏的對話錄〉論文，但學兄要求我交出全新的論文，那時距離研討會時間不多，而另一方面我仍要應付神學院的學術要求，實在難以抽身。慚愧的我向你表示歉疚，但你沒有一絲責備之意，仍是多番提攜，無論在 6 月 14 日晚上學兄們為你在尖東富豪酒店擺的壽宴，或在 23 日何秀煌教授為你而設的私人晚宴，你也將我列入邀請之列；在公開講話及私下對話中，你也多次把我介紹予不同的學者前輩。

思念至此，你對學生的熱心常令我感到虧欠，辜負了你對我的一番苦心，內心總帶着絲絲遺憾。不過，或許這份對你的遺憾，不知不覺間化成了推動力，自此以後，我一有機會出版著作，在作品的首頁一定會寫上「謹以此書紀念沈宣仁教授」，作為向你遲來的致敬；或許因為這樣，驅使我有不斷寫作的激情，將從你而來的啟發，自身的消化與及經驗的累積，透過文字與讀者分享。我深信在追思我倆師徒關係的同時，仍有一點永恆的火花，可以擦亮讀者在世尋道求學的眼睛。正因如此，

這些給天國的你之信箋，也是給在人間朝聖客旅的分享。

在 2002 年，我擔任牧職的第一年，我倆又有機會聚頭。這趟我們還跟沈太同遊長江三峽。在旅途中，你我在長途車上不放過看電影和討論的機會，在船上吃飯時你也不忘表演你吃雞頭的絕活，當你看見同桌的小孩浪費食物時，你是那麼義正辭嚴的，當着他們一家三口教訓小童一頓；當你在小艇上看見自私的遊客只顧站在船頭拍照，妄顧其他遊客觀賞風景時，你也如常地敢於發聲，指斥他們的自私與不是。晚上你和我談論學術，教我摺紙，在封都鬼城，沈太因膝痛留在碼頭等候，我倆就在如今已淹沒江下的鬼城把臂同遊，談及你對我未來寄予的期望。跟你相處了一整個星期，我對你的脾性和好惡愈來愈熟悉，從前和你之間因敬仰而生的距離，一步一步被彼此的友愛拉近了。

自我大學畢業後這幾年，你雖然離港定居於朝聖地，在地理上明顯距離遠了；但你每一次的來電、電郵，甚或回港短敘，每次的相遇總令我感到彼此的心靈好像再靠近了些。或許是因我真的成長了，更明白老師你對我的期望。請放心，你對我的期望不會造成我負面的壓力，也不會限制我對未來的願景，它只會成為我的動力，叫我向前，尋索自己還有的可能性。請繼續在天國支持你的學生成長！

你的末徒

Samson

和 Dr. Shen 夫婦遊長江三峽時留影

【第十二封信‧兩代愛情路】

Dr. Shen,

數算一下，我與劉偉結婚已經六年了。談到戀愛，我想跟你分享一件有趣的事情，原來在 2010 年農曆庚寅年的大年初一，剛巧適逢西曆情人節，聽説這兩個節日要五十七年才會走在一起。這彷彿要告訴我們，愛情跟福氣拉在一起並非必然，彼此需要付出努力，才能走進尋找幸福的路徑。簡言之，愛情是尋找幸福的冒險，二人能夠走在一起，不一定能共諧連理。能夠結成夫婦又如何？在一紙婚書如無物、愛慾模糊的世代裏，戀一世的愛似乎極為奢侈，也極為難得。難怪愛情與幸福不但沒有必然的關係，彼此間更彷彿有着極遙遠的距離。

然而，在我印象中，你跟沈太的距離卻是那麼近，幸福就如唾手可得。你在大學通識課曾教授過「愛情哲學」。在一次公開場合你也曾如此反問：「愛一個人一生也不夠，哪還有空去愛另一個？」説得理直氣壯，鏗鏘有力，令在場一眾在戀愛路上的同學內心七上八落，興奮的是因為你對愛情信仰之堅定，令人鼓舞；但教人有點羞愧的，是令人質疑自己，能否對愛人如此堅貞不二。

好奇的我曾經問過許多遍關於你和沈太的愛情故事。你一再強調，你倆的愛情故事並無動地驚天的情節，只是很傳統平實地慢慢發展起來。沈太原名羅素琴，她一家也是你爸爸於馬尼拉主持的聖彼得堂的華僑教友，你跟她自幼便青梅竹馬，自小便覺得她為人很好，很會關心人。直至你旅美留學後，恰巧她也到美國求學，正所謂他鄉遇故知，你倆便漸生情愫。當你渴望回中國發展，她願與你同心回歸。1961 年，當亞洲基督教高等教育聯合董事會推薦你到香港崇基學院工作，你倆便決定一同到香港發展；只是你仍要努力完成博士論文，沈太比你早一個學期到步，在工作中靜候你的到來。你們的愛情故事中最傳奇的，相信是你們的婚禮。你在 1962 年來港不足二十四小時，在 1 月 14 日便急不及待迎娶了沈太，成為一時佳話。婚後你倆繼續同心在崇基工作，沈太當

上崇基圖書館館長，而你則開始教學生涯，兩人在同一學院內實踐共同的教學理想，着實令人欣羨。

愛書人娶了圖書館館長實在最好不過，因為這便不用為自己的藏書操心。我曾開玩笑的問你，這是否沈太最大的優點。你堅決的否定，並聲言沈太從沒有過問家中的藏書。至於沈太，你形容她在很多方面都保有中國傳統女性婉靜溫柔的美德，她可以為家庭無私的奉獻自己所有，不問回報；但在另一方面，你卻怎也摸不透她內在的心思。你曾很認真的對我說：「我相信素琴很了解我，比我了解她多很多；正如很多中國傳統女性，我無法進入她內心的深處，但這不打緊，我尊重她、愛她，事實上我在她身上不斷有新發現，這不是挺有意思嗎？」

的確挺有意思，也對我自己的戀愛生活有莫大的提醒。說也奇怪，我太太劉偉跟沈太雖出生於不同年代，但她也有着中國傳統女性的特質；這是我起初不察覺，後來才慢慢發現的。跟她初次相遇，是 1993 年暑假。就讀新亞歷史系的她跟崇基宗教系的我，分別在大學本部向各自系別的新同學宣傳學系迎新營，由於我的拍擋跟她是中學同學，於是便有機會跟她攀談。坦白說，我起初是被她的外貌吸引。作自我介紹時，我說出自以為很帥氣的英文名── Samson Jeremiah，誰不知竟換來毫不留情的責罵：「不知所謂，中國人改英文名還要改兩個，我無英文名，我叫劉偉。」就是這一段對話，令自虐的我覺得這女孩很有意思，很有個性，教我留下深刻的印象。

哈！我現在才想起，印象中沒有跟你談過我這段戀愛史。當年我是中大歌唱比賽的籌委成員，誰知道在第一次籌委會裏竟然再與她相遇，接着就如很多大學生的戀愛故事一般，在課外活動的合作裏走在一起。她曾告訴我，起初對口甜舌滑的我印象極差，或許是母性使然，才慢慢接受這浪蕩兒；相反，我對她印象極佳，還記得和她拍拖不到一個月就是她的生日，當我問她要如何慶祝時，她竟一口回絕：「生日最重要的是和母親慶祝，因為這一天對母親最有意義，剛出生的我什麼也不懂，有

什麼值得慶祝呢？」聽罷，我便認定她就是我命中的那一位。

當然，兩人的感情路不會從此一帆風順。在拍拖初期，我因不能認識她更深而時常口角。你先前談到有關你與沈太的說話就如當頭棒喝。在重智的大學時代，我太着重腦袋，硬要透過彼此對話來理解對方，卻沒有耐心等她情願，沒有用心去讓愛的歷程自然地生成變化，自然地向我倆呈現。這點我要經過多年後才慢慢領略到。在 1998 年，我倆曾瀕臨分手的邊緣。當時我沒有找任何人求助，也沒有在別人面前哭過，恰巧你和沈太回港，讓我有機會哭訴身處的感情困局，當晚你倆在飯桌上的認真聆聽與真情分享，着實令我受用無窮。

不知不覺間，你跟沈太已成為了我跟劉偉的榜樣，教我們忠實相待。我們也爭取每次在你倆回港的時候相聚，從中學習二人相處之道。當我們籌備婚禮時，在我倆心中，你是在教堂為我們訓勉的惟一選擇，沒有你的出席，我們寧願不要訓勉。當時由於你身體抱恙，更發現患上肺癌，加上香港爆發非典型肺炎疫症，我們也不敢驚動你，心想在教會傳統的婚姻聖禮中，就算沒有訓勉也極有意義。慶幸的是，到了 2003 年的下半年，不但「沙士」離開了，連你的癌症也似乎受到控制，加上 10 月崇基學院四十週年校慶的吸引，你決定抽空回港。當你在電郵裏正式應允在我們的婚禮中訓勉，我們真的高興得跳起來，因為你的出現正是我倆最好的結婚禮物。當時，你透過電郵告訴我，不會特意為這趟婚禮重新預備一篇有關婚姻之道的講章，你解釋這是你「柏拉圖式」的老毛病，你認為從前撰寫的婚禮講章已經盡力寫得最好，你能做的只是根據你那篇理想講稿重新修訂改編。我們當然完全不介意，能有你和沈太在婚禮中見證我們生命的新里程，這比起千言萬語還重要。當你回港後，沈太向我透露你為預備講辭徹夜未眠，多次起牀修訂原文，力求做到最好。聽罷，我只有感激你為我倆所做的一切。

劉偉與我的婚禮當天，我看見你的笑容由下午的婚禮到晚上的婚宴從沒有停斷。你在訓勉中提醒我們，婚姻是基督教傳統的重要「聖事」(Sacrament)，所謂聖事，即內在靈恩的外在記號、工具和媒介。由於這

恩典是通過妻子給丈夫，又通過丈夫給妻子，由內而外不斷在生活中展現；因此婚姻聖事不單是一次過的承諾，更是生活中不斷發生及實踐的活潑歷程。這樣，婚禮只是這持續一生的聖事之起點，要讓婚姻生活滿載恩典，夫婦二人都要在未來歲月中常常學習，不住的學習彼此寬恕與包容，教我們能在愛中堅強成長。我倆定必緊記這婚姻之道。

婚後有一次你跟我在崇基吃飯，問了我一條很有趣的問題：「你有沒有留意我在訓勉中，刻意先說你太太的名字，你介意嗎？」Dr. Shen，你那麼細心，我當然不介意了。你接着又透露了另一件更有意思的事，就是關於 11 月 1 日這日子。作為聖公會牧師，又是諸聖堂的教友，劉偉和我之所以選擇在 11 月 1 日結婚，因為按照基督教禮儀傳統，那天就是諸聖日，是紀念教會先哲前賢的日子，這安排一方面是提醒自己要數典不忘祖，也寓意我們的婚姻有始有終，有根有基；但原來這日子對你也別具意義，你在我們結婚前一年，即 2002 年 11 月 1 日，進行了切除部分肺部的手術。真是巧合，同樣是 11 月 1 日，一年經歷生死，下一年則感受到兩人一同生活、生命新開始的喜悅。每年的這個日子也因此而增添了多一層的意思。

結婚半年後，劉偉和我終於決定度蜜月的地點，就是你在美國南加州克利蒙居住的朝聖地。這次不單讓我們這對新婚夫婦可作實地考察，從你們身上學習夫婦相處之道，也是我們向你道別之旅。事後劉偉告訴我，你在 7 月 19 日私底下向她作臨終的叮嚀，她把你說的話寫在紙上，而且常帶在錢包裏，慎防遺忘，你對她提出了簡單的四點提示：

1. 絕對信任，絕對忠誠，從來不做一件欺騙對方的事；
2. 不在他人面前做表面上恩愛，或批判對方的事；
3. 晚上以擁抱彼此寬恕；
4. 最後，愛是一種意志。

你放心吧！我倆會銘記於心，彼此相愛的！

你的末徒

Samson

Dr. Shen 在婚姻聖禮上訓勉、Dr. Shen 與我的妻子劉偉合照

【第十三封信・只是暫別】

Dr. Shen,

捷克著名小説家卡夫卡（Franz Kafka, 1883-1924）的小說《美國》（*Amerika*）描述主角從歐洲大陸到美國的冒險經歷，書中所呈現的社會不公義或是怪誕皆為典型卡夫卡式的主題。雖然這部小說的最後一個章節還未完成，但是卡夫卡生前曾向友人表示，那是他寫得最愉快的一部小說，整部書的風格也跟他一向晦澀難懂的作品迥異。對於這個從未離開過布拉格，亦從未踏上美國這片土地的憂鬱書生來說，美國是他夢寐以求的理想邦。

但對我來說，美國並不是一處予人好感的地方。正如清末民初文壇怪傑辜鴻銘在〈美國人的心態〉一文所言，美國是一幫早熟和發育過剩的孩子，雖然結集了各民族的精英，仍不能脫離孩子的稚氣，只停留在物質層面和膚淺的思維。這幫長不大的早熟兒童最危險之處，在於他們的早熟和發育過剩所表現出來國際上的「成功」，令人民高度肯定自身的價值，甚至以為有責任向全世界「硬銷」（hard sell）自己的價值。在自鳴得意、自命救世者的同時，卻渾忘自己是全球犯罪率、吸毒率和離婚率最高的恐怖國度。

2004 年 7 月 16 日至 24 日，劉偉和我首次踏上這代表希望，又同時帶來國際恐怖的國度，為的不是擁抱自由的泡沫，也不是進行先知的控訴；而是探望病重的你。自我婚禮後你回到朝聖地不久，便收到你肺癌蔓延至骨的消息，一羣學兄決定在你 6 月 17 日生日前後赴美探望你。當時我收到你的電郵，言詞間雖仍然保持你一貫的樂觀，但你極希望我到美國跟你相會的要求，卻是前所未見。我深知這或許是在浮世上最後一次與你會面的日子。最終，我選擇在 7 月中探望你。坦白說，我那麼遲才到美國探望你，背後有一個極自私的原因，因為我希望在一眾師兄離開後，能有多些時間跟你傾心吐意，我告訴自己，定要好好珍惜這最後的相聚。

事實上，在出發前致電問候你時，已聽見從前聲如洪鐘的你，如今變得氣若游絲，教我忐忑不安，也叫我心焦如焚，生怕趕不及見你的最後一面。及至 7 月 16 日下午，我終於來到克利蒙的朝聖地，找到 680 號的門牌，看見背向紅色大門，正在和醫生低聲討論病情的你，我才鬆一口氣，心忖總算趕及到來。但當我看到老師你的正面，你銀白色的頭髮因為化療而脫落了不少，從前胖壯的你只剩下虛弱的身軀、瘦削的四肢；眼看此情此境，怎不教我悲從中來呢？

在跟你共聚的最後一星期裏，你告訴我你已完全停止化療，每日的健康和情緒有如天氣般時陰時晴，生活中不同的小節、身體狀況一點點的變化也會影響你的情緒。你把腳上的水腫、骨痛、咳嗽，甚至起牀進食也形容為每天必須面對的戰爭。沒錯，有時我看見你費盡力氣也未能把痰吐出，因而感到意志消沉；當你終能把痰吐出，又會天真地把痰展示給我們看，如同炫耀戰利品一般，嚷着：「有成果！有成果！」

雖然老師你受盡病魔的折磨，身心俱疲，你休息的時間也一天比一天長；然而你仍然堅持每天將紙巾好好分配，符合環保原則，另外仍堅持每天盡量下牀，到飯廳用膳。你還盡量保持清醒，積極面對自己的離別，向我分享預備自己喪禮和中大崇基舉行的追思禮的細節，有關講員、聖詩和《聖經》經文編排背後的意思。在這段期間你讓我感動至深的，是你那份求真的精神跟好奇的童心，並沒有因病患離你而去，你每天仍然積極地重新認識自己的身體及自己的軟弱。有一次你臥病在牀，張開你那瘦小的手臂告訴我：「人就是這樣沒信心，就是這樣軟弱，像我現在的光景，是怎也裝不了的。即使受了多少教育，有幾多知識，像我現在這樣的光景，也統統用不上。」

談到自我認識，你也將自己和現今的學者比較，相對於今日競爭激烈、漸趨市場化的學術界，不少學者皆不以教育解惑為念，而是以出版和研究以保存活；相反，你卻一向重教學多於研究。你曾多次對我說：「我是幸運的！若在今天當教授，早已給這遊戲規則淘汰了。」沒錯，你並沒有要成一家之言的雄心；你的使命是透過引介西方神學傳統，在這片

神學仍幼嫩的土壤打好基礎。與其說你重視學者的身分，倒不如說你更重視作為一位教育家的使命，一直孜孜不倦的為香港神學發展而默默耕耘。作為華人神學教育家，你還痛惜香港教會沒有重視神學教育，沒有為未來儲備足夠人才，另外，你也關心我個人的神學發展，你不單叮囑我要繼續寫作，繼續進修，你也開放家裏的藏書任我拿走，讓我進一步探討，在發掘中成長。不僅如此，你還提醒我，決心、專注與忍受孤獨是做學問研究必要的心理準備，不能單靠知性學習得來，乃是個性的培養。而我最難忘的是你向三十歲的我那最後的叮嚀：「三十歲是決定人生方向的時候，你興趣太多，要作取捨。」你這些話我一直存在心裏，也努力培養求學的心性，教我能承擔更大的使命。

在晚上，你總喜歡請我這個牧師祈禱，然後才進睡，在 21 日晚，我如常地替你祈禱後，躺在牀上的你居然喚我唸書哄你睡覺。你選了一本猶太拉比的智慧寓言集，名為 *While Standing on One Foot: Puzzle Stories and Wisdom Tales from the Jewish Tradition*。我一連講了四個寓言故事，豈料你全無睡意，反而愈見精神地反思這些寓言背後的睿智！在這樣的情景下仍有如此興致，你就是如此教人哭笑不得。

在臨別的早上七時許，我們心底裏也知道這是此生最後的會面。你精神奕奕地和我談了差不多兩小時，內容除了關於這星期我們到訪帶來的收穫外，你還罕有地為自己一生神學教育的得失作評價。你相信自己是華人神學界當中首位非聖職人員，擔任大學的神學教席，在保守的六十年代可算開創先河。作為平信徒神學教授的好處，在於不受特定宗派立場轄制，可以開放自由地講自己相信和喜歡的事物，這是很大的福氣。另外，你一直努力嘗試將學院派和教會的信仰張力緩和，但你認為做得不太成功，希望我可以繼續努力。我亦承諾盡力而為。

在臨行前的一刻，我吻別了敬愛的你，劉偉和我有幸跟沈太和你的次子其樂一同伺候老師你，聽到你最後的教誨與叮嚀，又能夠像一家人般一起生活，這成為我倆一生不可磨滅的印記。在這一星期，雖然見證了你飽受肉體種種痛苦和不便，但你的率直和童真，跟從前無病無痛時，沒有多大分別，所表現出來的平安是真實無偽的。患難最能考驗真我。你表裏一致的真，讓我體會到患難中真正的平安、福音的實在。傳福音就是作見證，用生命作真實的見證，沒有什麼比這更感動人心，沒有什麼比信徒平安的生命更吸引其他人追求這平安之源。

正如你在自己追思會所揀選，《聖經・希伯來書》11 章 13 至 16 節的經文所說：「這些人都是存着信心死的，並沒有得着所應許的，卻從遠處望見，且歡喜迎接，又承認自己在世上是客旅，是寄居的。說這樣話的人，是表明自己要找一個家鄉。他們若想念所離開的家鄉，還有可以回去的機會。他們卻羨慕一個更美的家鄉，就是在天上的。」

的確，你這求知的流浪者正是經文談及那些人的寫照，朝聖者在世怎也找不到家鄉？你最終的歸宿始終是更美的天鄉。Dr. Shen，現在只是暫別，讓我們日後在天鄉再重聚吧！

你的末徒

Samson

99年的一個晚上

【第十四封信・你的追思會】

Dr. Shen,

自從你在 8 月 5 日主懷安息，一班不同年代的學生也渴望為老師你「做點事」。事實上，在我旅美探望你時，你已為自己寫了在香港的追思禮的腹稿，我們做學生的，只是完成你交給我們的功課吧。於是我跟一班學術界前輩，你的學生和我的學兄如江大惠、張燦輝、劉國英、黃根春和陳慎慶等，一同為 10 月 9 日舉行的追思禮努力邀稿，尋找詩班、獨唱、大提琴獨奏和四重奏的人選。

我們每次到中大本部的通識教育辦公室，或到崇基行政樓開籌備會議，雖然各人都十分認真，投入於各項預備工作之中，但卻怎也掩不掉對你的懷念，每次開會總要追思你的為人與往事一番，既引人哀思，也為你正直爽朗的人生感到生命的歡悅。每每談得興之所至，教人哭笑不得。真的，你絕對值得我們「又喊又笑」的懷念。

10月9日那天，我們在崇基禮拜堂舉行你的追思會，所有的經文、詩歌和講員，也是老師你生前安排的，就是當日清一色的黃花，也是你一早選定的。當日總共有十位講員，他們分別是你在崇基的繼任者、同事、學生及朋友，分別談論沈宣仁這個人的不同面向。首先張燦輝的「永恆約會」揭開序幕，接着，梁元生的講題為「崇基伙伴」、李沛良的講題為「校園點滴」、何秀煌的講題為「我的同事」、洪長泰的講題為「學者老師」、黃根春的講題為「亦師亦友」、陳慎慶的講題為「春風化雨」、胡露茜的講題為「社會良心」、我的講題為「朝聖客旅」、最後陳佐才法政牧師的講題為「求真道上」。你曾在七十大壽時説過，希望能出席自己的追思會，能聽到學生對你的看法；以下是我在當天的講辭，請你細心聆聽：

今日，我們舉行的，不單是追思會，也是感恩會。感謝在我們生命中有幸能與沈宣仁相遇、同行、相交；為我們生命留下不可磨滅的榜樣、睿智與激情。

猶記得1992年第一次上Dr. Shen的課，就是在許讓成樓G05室上基督教研究課。老師剛入課室不久，便叫學生拿出紙來，來個「突擊測驗」，叫我們回答「什麼是基督教？」，奉行環保原則的Dr. Shen還叮囑我們不用寫太長，撕下半張紙便可，以免浪費。到了期末，他把最初的答案交回我們，說：「希望上完這門課，你們找到更好的答案。」

今日，老師又出題目給我，叫我談談他作為神學教育工作者的身分。Dr. Shen一向重教學多於研究。他曾對我說：「我是幸運的！若在現今的光景當教授，早已給現今大學遊戲規則淘汰了。」他並沒有要成一家之言的雄心，他的使命是透過引介西方神學傳統，在這片神學仍幼嫩的土壤打好基礎。與其說他是神學家，倒不如說他是一位神學教育家，孜孜不倦的為香港神學發展而默默耕耘，打好根基。他對教學真的十分認真，一些科目雖然他已教授多年，但他從不苟且，每次也會修訂以前的講義，務求盡善盡美，一如崇基校訓——「止於至善」。在本年7月16至23日跟老師生活的最後一週，Dr. Shen雖已病入膏肓，並沒有忘記自身神學教育的天職，仍拖着疲倦的身軀，跟我上最後的神學課。

分別在21日和22日的晚上，他跟我總結了他對基督論和三一論的一些看法，還叫我隨意拿走他的藏書，進一步探討和發掘。除了觀念上的分享，作為華人神學教育家，病重的他還痛惜本地教會沒有重視神學教育，慨歎沒有為神學教育的未來儲備足夠人才。此外，他更關心到學生神學發展的個人問題，他提醒我：「三十歲是決定人生方向的時候，你的興趣太多，要作取捨。」他還為我剖析做神學知性條件外的心態準備。他認為決心、專注與忍受孤獨是做研究必要的心態準備。然而，這三者是不能靠學習得來，乃是個性的自然塑造。

在23日臨別的那天，早上七時許，Dr. Shen十分精神的和我談了差不多兩小時。他罕有地談及自己一生致力於神學教育的突破和嘗試。他估計自己是華人神學界首位平信徒在大學擔任神學教席的，對風氣較保守的六十年代而言，可說開創了先河。他認為作為平信徒教授神學的好處，是能開放和自由的講自己相信的和歡喜的，而不受特定教會宗派的官方立場轄制。另外，他認為自己一直努力嘗試將福音派和自由派，或敬虔派和學院派彼此間的張力緩和，但這努力不太成功，仍須後進們多加努力。

我個人認為最終留在「朝聖地」的朝聖者沈宣仁，他的神學也是「朝聖神學」。猶如一位朝聖者，他總是謙虛忠誠地在求真的歷程、朝聖的道上不斷探問，不斷邁進，力求完美。他曾多次與我分享懷德海的名言:「力求簡化，並提出懷疑。」這正是他治學的原則。的確，這是永不感到自滿的朝聖者，探究神學應有的態度，沈教授明白今世和自身之有限，不完全信賴自己所得到和把握的知識，在力求簡化的歷程中，他棄掉無益的，綜合並消化所得；進一步在所得的精華中提出懷疑與不信任，他防止了將僵化死守所得的視為真理的全貌，在批判中他力求在朝聖路上，求真道上再踏前一步。

我和太太劉偉有幸跟沈太和其樂一同伺候 Dr. Shen，聽到老師最後的教誨和叮嚀，能夠像一家人般一起生活，我們實在見證了這位朝聖客旅在世的最後路程，傾聽了這熱愛生命者最後的生命樂章。

談起樂章，Dr. Shen 多次在談話及文章中，皆提到由紐曼於 1833 年所寫的《慈光歌》，尤其第一節尾段，更成為他喜愛的禱辭，盼望我們在今世跟彼岸的恩師遙相呼應，繼續朝聖：

「懇求慈光，導引脫離黑蔭，導我前行！

黑夜漫漫，我又遠離家庭，導我前行！

我不求主指引遙遠路程，我只懇求，

一步一步導引。」

不知你聽後有何回應呢？當日的追思禮文書也是我所見最厚的一本，多達一百二十五頁，當中包括老師三篇文章，其恕和其樂對父親的紀念文章，還有差不多六十篇由不同人士，包括同事、朋友、不同年代的學生、教會的主教、牧師及弟兄姊妹和香港摺紙學會成員對老師的回憶。而追思禮拜的詩班，更是由你參與的聖公會聖馬提亞堂詩班及你的

聖公會學生組成。在獨唱部分，負責的教友兼師姐更別出心裁地以一首意大利情歌 *O del mio amato ben* 獻給敬愛的你。她事後告訴我，本來預備唱一首安魂曲，但心想不用為你安魂，因為你定能上天堂；反而在世的我們，卻失去了這位可敬的愛人！於是，在追思禮拜裏便「破格」地唱了這樣一首被迫與愛人分離的情歌。

還有當日在菲律賓開會的蘇以葆主教在下午 1 時 15 分，打長途電話回港，表示菲律賓馬尼拉聖彼得堂向你致意。馬尼拉聖彼得堂正是令尊沈漢新牧師當年主理的教堂，也是你和沈太受洗和長大的地方，無論是你成長的馬尼拉，或是你授業解惑的香港，在同一天裏都為着你的離去而哀思，對你一生的貢獻致以萬二分的敬意。

當晚最令我感動的是你的次子其樂的分享，尤其是他結尾談到老師你在世最後一句說話，是叫家人別哭。其樂流着淚說：「我們怎能不哭？失去他那洪亮聲線、無邪笑容……誰會發問最尖銳的問題？哪裏可找到這獨一無二、小童般的好奇心、大無畏的批判精神，與及永不動搖的樂

觀信念？」聽畢，我和數位講員接着在同唱《萬世太平歌》時皆泣不成聲，唱不下去。整個追思會最後在你生前最愛領唱的希伯來民歌《平安頌》（*Shalom*）的歌聲中結束，我們一眾與會者也振作起來，互祝平安！我相信聖徒相通，也深信你必在上主懷裏，重獲洪亮的嗓子，跟我們對答和唱！

你的末徒

Samson

沈其恕、其樂與為 Dr. Shen 籌備追思會的學生、同事合照

【第十五封信‧五年前失去的‧五年後得到的】

Dr. Shen,

回想起五年多前，當我在星期六的下午收到電話，得知你於 2004 年 8 月 5 日美國時間晚上 7 時 45 分離開世界的消息，雖然自美國回來已料到這日子快將到來，但真正面對的時候，還是哭了又哭，心情久久不能平復。縱然我早已有心理準備，這消息對我來説仍是個噩耗；但諷刺的是那天晚上，我還要傳福音，在聖馬利亞堂青年營的佈道會分享信息。本來因為心情很差，我曾想過另找牧師好友代「口」。不料，「槍手」抱恙，我只好硬着頭皮去講。當我到了營地，看見營會主題是「乜水最重要」。這題目提醒我，你在生命中已找到最重要的，使你在生命的最後一程仍能滿有平安，作為你的學生，也應將這份平安與現今的青年人分享，叫他們也得着生命最重要的福音 —— 平安。

猶記得你在崇基校慶混聲比賽後，總會和我們一同出去吃夜宵，你總愛帶領一眾師生合唱希伯來民歌《平安頌》(*Shalom*)。「Shalom」是以色列人日常用來互相問安的語句。一般而言，它意味着天下太平，亦即人與人、國與國的和平共處。當我閱讀你喜歡的猶太拉比 Harold Kushner 的著作 *Living a Life that Matters*，又令我對「Shalom」一詞有更深入的體會。常譯作平安的「Shalom」不單指沒有人與人、國與國的干戈；而是更透徹的，是個人整全圓滿的境界。這是內在的自己與外在的自己復和、配合，沒有缺裂，沒有遺失的心靈狀態。聽來好像很抽象，但若我們撫心自問，不難發現心裏交煎，內外的自我感到矛盾與掙扎，才是生命種種不安的源由。當人能內外一致，表裏合一時，便能擁有健康的人生觀，真正的平安自然來到。

我自問是個心理頗為健康的人。但在悼念你的歷程中，我失去了原有的平安，面對從未有過的喪親之痛，着實有點不知所措。由於和我最親密，感情最要好的外婆在我年紀還小時便離世，當時我還不太懂得如何反應。到了中學，祖父祖母相繼年邁去世，但感情不深，也沒有很大的傷感。換言之，你是我懂事以來最親的離世者。當上牧師後，我也曾多次經歷教友的生離死別，在醫院或殮房陪伴他們送別摯親，當然也主持過多次喪禮。我自覺訓練有素，能夠理性地面對。豈料你的離去卻令我完全失衡，從前極穩定的世界彷彿一剎那間顛倒過來，真的承受不了……作為牧師，我知道信徒的死亡是步向永恆的歸宿，他朝仍可在永恆中相遇；但在人情上，卻總是不捨……

過了很長的一段時間，我才真正明白自己這份傷痛情緒，當所愛的人去世時，我們才真正感悟到什麼是死亡。這種對死亡的感受造成的傷害，是使我們對自身，以及所有一直認為不言而喻的東西，都變得糊塗起來。我以為一切都是如此理所當然，和你的關係不會因為什麼而變化，但死亡的來臨不僅震撼人對自身和外界關係的理解，還迫使我們不管願不願意也得改變。死亡正正證明人類信以為真的偏見是如此不堪一擊，就是自身價值也站不住腳，完全被顛覆過來。

在這哀悼期間，我在感性上不管願意與否，也得接受你的死是不爭的事實。死亡之所以震撼我們對自身內在和外界的理解，在於它揭示了先前由兩人關係所創造的共同世界，因死亡而消失，不復存在。雖然你的肉身已被火化，但我內心仍捨不得分離，於是在這現實與願望的落差之間，出現一道不可彌補的鴻溝。這鴻溝一天未有好好處理，內心的傷痛一天也不會平息，只會讓悲哀不斷蔓延。

感謝老師！教我一步一步走出悲傷幽谷的人竟然是你自己 —— 你在臨終時安排了讓學生在你去世後服侍你的寶貴機會。現在想起來，這對我絕對有幫助。在你離開以後的日子，一個念頭常常糾纏不散，就是：「我還可以為你做些什麼？」幸好你一早已為我安排一連串工作，如為你寫訃聞，參與追思禮的籌備，協助編寫紀念文集，以及在追思禮當天講話，透過以上種種，我真的能藉着具體地為你「做點事」來紓解哀愁，着實一點一點地填平了那悲哀的鴻溝。

除了我將自己的感受以文字抒發以外，透過編輯老師你的紀念文集，我「追看」了五十多篇不同人士對你的回憶與追思。我發現我仍可以在自己和他人身上認識你更多。藉着閱讀，我希望能儘量保存到，或把握到老師更多的面向。當讀到感動時，便任自己痛痛快快的哭，在文字和思緒間正視內心的悲哀，並任由自己繼續尋找你的芳蹤、你曾活過的痕迹。漸漸地，我發現你並沒有真正離開我；在天國的你其實離我不遠，你以另一種方式「活着」，活在我的記念中，也活在其他人的心中。

生命就是這般「立體」，承載着悲歡離合、生老病死，而心靈健康的人就是能正視這立體生命的實相。時光飛逝，你在天國生活已有五年多了。經過對哀傷的正視，我混亂的心境不經不覺地回復了平靜。你的離世，的確教曉我人生重要的一課，就是如何感悟死亡。死亡的感受絕不好受，就算人有多理智，作了怎樣的準備，也於事無補，要痛的始終會痛，帶來的傷害也一點不假。死亡確實會把我們弄得天旋地轉，糊塗起來。然而，我也學會了從積極的一方面看，其實我們可以改變對自己與你之間的關係的理解，接受和創造新的關係模式：讓老師你活在我的記憶和思想中，讓你成為我生命的一部分，以不同於你生前的形式，參與在我的生命中。

在這五年多，沈太身體還算不錯，在朝聖地生活得很愉快，閒時其樂也會從波士頓過去探望母親。提起其樂，相信你會感到安慰，在兩年前他終於成家立室了，還為你生了一個可愛的小孫女。至於其恕，我三年前往劍橋遊學，每次下倫敦時也會找他吃飯，他也過得很不錯，按着自己喜歡的方式生活。我跟劉偉也生活得很美滿，教會的牧養工作、神學院的教學及斷斷續續的文字工作，令我充滿目標和活力的享受每一天。我相信你不用替我們掛心了。

五年轉眼過去，第六個年頭也快將到來。我們的確很久沒有通電郵、談電話及直接對話了，但藉着這十五封信可以證明，時間並沒有沖淡你對我的恩情，也沒有讓我把你淡忘。這十五封信讓我重遇你，讓我重新在文字中回味你在我生命中的痕迹，並重新發現你和你訓誨中的意義。的確，有些教誨是歷久常新的，有些教誨是需要經過歲月的洗禮，才能逐漸領悟。以上這十五封信可是我呈交給你的新功課，相信在將來人生會有更多領悟，到那時候，我會再寫信給你這位天國的生命師傅。

Dr. Shen，祝你愉快！

你的末徒

Samson

我今次返來香港，很高興參加了幾次聚會，以及了解到同學和一些同事多年來對我的觀感，實在不敢當。去年有一個同學送我一本好書。《時代雜誌》曾介紹的一本暢銷書《相約星期二》(*Tuesdays with Morrie*)，講述一位體育記者，因為老師患上絕症，他每星期二去探這位老師，和老師見面傾談，他將所談到的及當中的經歷，寫成本書，非常感人。這本書寫了師生的關係，我相信在另一個文化，如中國人也很容易明白。

書中有一處很有趣的地方，Professor Morrie 快要死了，作者看見他情況一天比一天差，Morrie 忽然有一念頭：「我死了之後，你們會怎樣紀念我？我不能猜想，倒不如在我死前來一個追悼會？教我知道人家對我的觀感是怎樣的，這不是更好嗎？」我今次回來，很有這種感覺，這對中國人來說，真是大吉利是，但我住的地方是一個退休人士住的地方，平均年齡是八十三歲，每三個星期就有一個人死亡，我們是很接近死亡的，並不覺得提這些事情是不吉利的。

用哲學的眼光看，不論是中國人或西方人，死亡都是很正常的事情，但有機會聽到這麼多同事及同學說出對我的想法，雖然不敢當，但實在是很高興，為着這些，也在此向大家說聲感謝！

過去一星期的聚會，聽到不少同學、同事說我很認真，到底我是否如此認真，我不敢講。但我很盡責，希望自己做到老師應盡的責任。我真的不會和人開玩笑，也不會講假話，這是真實的。但我想告訴大家，我很喜歡看笑話，我有一個或許是在許多華人留學生中不常有的習慣，我在美國讀書時，愛看美國報刊內的漫畫，有好幾種漫畫是我日日追看的，其中 *For better and for worse* 講及一個家庭每日的成長故事。不過今天美國雜誌有太多垃圾，所以我已沒有訂閱。可惜，我雖然喜歡看笑話，但我卻不懂說笑話。不過，今日我為了糾正大家認為我過分認真的觀念，我勉強講一兩個笑話，輕鬆一下。

大家都知道我很少寫作，在現今任何一間大學，包括中文大學，也不能久留。美國有一個很著名的科學幻想小說家名叫 Isaac Asimov（1920-

1992)，你們可能也看過，他博學多才，寫了很多書，甚至還寫了關於《聖經》研究的書；他也寫了兩本笑話集，包含了他生平所聽過的笑話。其中一個是這樣的：有一日他和一位女同事傾談，這女同事要寫一本書，但她寫了很久，遲遲也未能出版，Asimov 問她：「喂，你幾時出版你的書？(When are you publishing your next book ?)」當時那女同事很憤怒，說：「你幾時不出版你的書？(When are you not publishing your next book ?)」原來他一生寫了幾百本書，差不多每幾個月就寫一本書，我肯定屬於那女同事的同類，而 Asimov 著書的數量肯定是我望塵莫及的。事實上我的老師 Jaroslav Pelikan 出版的著作也很多。我曾經說過老師的書我應該讀，但過了一段時間，我就放棄了這個念頭，因為我無法追趕得上。因此，我每一次想到老師，就很謙卑，並不覺得自己有什麼了不起，所以一個好老師對我這種人，實在很有幫助。

另外有一次 Asimov 參加酒會，有位朋友介紹一位老婦給他認識，他說自己是 Doctor，那老婦便痛苦地指着自己背部。Asimov 立時會意，連聲道歉，澄清道：「我是哲學博士（Doctor of Philosophy）。」由於美國人只稱醫生為 doctor，其他博士不以此稱呼，那女人聽後就離開，但走了幾步，又轉身過來，問道：「哲學是什麼疾病？（What disease is philosophy？）」哲學究竟是什麼疾病？怎樣醫呢？我至少是染上了這種疾病，但這是不可以醫的疾病，是無可救藥的。在座最年輕的 Samson 也一樣，你中了這毒是沒法消解的。

兩個月之前，在美國最受歡迎的無線頻道每一年都有笑話專輯，畢竟有關哲學的笑話較少，所以很值得講。我們都知道笛卡兒（Rene Descartes, 1596-1650）有一句著名的話：「我思故我在（I think, therefore I am）」有一天，他苦思一個問題，想來想去也想不通，便走到酒吧。酒吧的老闆問：「笛卡兒先生，今天想什麼問題？想喝一杯吧？」笛卡兒答：「不想啊！」（I think not）他隨即當場消失，因為他思想才存在，不想便不存在了。

這故事警告我們玩哲學的人應該要有正向的思想（positive

thought），有位哲學家曾經說過：「凡是哲學家肯定的，多數是錯的；他們否定的，多數是對的。」也可以反過來，哲學家講過太多荒謬的說話，甚至沒有一句荒謬的說話，是哲學家沒有講過的，所以「philosopher」不應該翻譯成哲學「家」，沒有成一家之言，就不可以成為「哲學家」。「Philosopher」希臘文可直譯為「愛知者」，但我認為譯作「求知者」較好。現在讓我談談自己作為求知者的經歷，給大家參考一下。

我小時候已很喜歡讀書，在書堆中生長，爸爸叫我做「書蟲」，我愛看小說，中國的章回小說差不多全都看過，只有《紅樓夢》看不下去，不知所云，因為當時年輕，對於人世間的男女感情並不知曉。但當時我很好奇，什麼事情也想知道，所以讀大學時，主修文學、哲學。大學二年級時，修倫理學。其中一位大學女教授是在當時北京燕京大學走出來，在1950年我修讀她的課，她對我講何謂哲學，她很有智慧，她認為哲學是要不斷地看見事物的真象，且要看得全面（Philosophy is to see the reality steadily and to see it whole.）這可能是一位哲學家對哲學的定義。後來才知道這是柏拉圖對哲學的解釋，怪不得後來我很快便愛上柏拉圖。大學四年班，我修宗教哲學，由於班上只有我一位同學，老師要我在整個學期看一本書，是我看過眾多宗教哲學的書中最好的一本。它是威廉．湯樸的《自然、人與上帝》，休斯頓・史密斯（Huston Smith, 1909- ）曾經對我說（當時是上世紀七八十年代），他說這本書是二十世紀，用英語書寫的最偉大宗教哲學著作，我看的時候真的非常震撼，就好像看見創造天地的情景，因為它非常廣博，非常深厚，這是我讀宗教哲學最深刻的一次印象。所以我在美國研究院時，碩士論文就是寫威廉．湯樸。

他的思想系統受黑格爾（Hegel, 1770-1831）影響，非常龐大，非常完整，差不多無懈可擊。讀研究院時，在芝加哥大學接觸到懷德海的思想，發覺他的系統更加嚴謹，因為他是學數學出身，並且對自然科學很有造詣。我幾乎成為懷德海派學人（Whiteheadian），但結果不是，所以在今日我不會稱自己屬懷德海派。雖然我從懷德海和柏拉圖身上學到很多東西，但博士論文寫的是另一位歷程神學家方頓（Lionel Thornton），他不是懷德海派，甚至是有點批評懷德海的聖公會神學家。

我現在回想，自己從來沒有對任何哲學或形而上學體系完全投入過，實在有幾個原因。第一個理由很簡單，我覺得自己沒有資格對哲學作系統性的探究，我可以讀很艱深的書，如懷德海寫的書便很難讀，但黑格爾的書我便讀不下去，讀了兩、三頁，我就「媽媽聲」，都不知他講什麼，所以我對德國唯心論思想和在座的同學有很不同的觀感，你們讀康德就一定要接觸這位唯心論大師，叔本華（Arthur Schopenhauer, 1788-1860）曾說過：「對形而上學的需求是人類的一種精神病。」就好像我剛才所說，哲學是無藥可救的。維根斯坦（Ludwig Wittgenstein, 1889-1951）有另一種看法：「哲學是一種治療，是一種 therapy，將人在思想上的迷惑，言語上的障礙，將這份迷惑解放出來。」我讀研究院最後幾年，分析哲學，尤其是語言分析學成為一時熱潮，甚至我自己也曾組織過一些研討會，討論語言分析對宗教哲學或對神學的影響。

另一個原因是，我懷疑完整的哲學是否可能？人有追求完整、完美的要求，哲學的確對很多人來說給予一個比較滿足的答案。一位數學家曾經說過：「一個數學系統不可能同時是完整而無衝突的。」完整的系統一定有自相矛盾的地方，你不想自相矛盾的話，那系統就一定不是完整的。這說法可能在哲學上也有同樣的理由。為什麼呢？因為製造一個系統，如果你認為是完整的話，它誓必將不適合系統的材料排斥。懷德海自己也講過，一個學生曾經跟隨了他很久，認為應該總結一下懷德海的系統，於是便寫了兩頁紙，給懷德海過目，誰知懷德海一手將它撕掉。懷德海的確有其思想系統，但他不認為自己有最後的完整系統，依他看來，那系統是漸漸地成長的。所以一直至今日，我仍然徘徊在系統哲學和系統神學的出入口之間，沒有完全進入哪一個系統。但我對那些偉大的哲學家，例如柏拉圖，都很敬仰。我歡喜柏拉圖多過亞里士多德，因為柏拉圖的哲學比較深刻，而亞里士多德就很「系統」，進入他的系統以後，便很難出來。他們（包括奧古斯丁、柏拉圖、懷德海、威廉•湯樸等）給我的啟迪，好像保羅所言，上帝的恩典足夠我用，不用尋求最後的完美，可以說永在探索之中；我想尋求完美的確是人類很重要的渴求，亦是應該的，但得不得到卻是另一個問題，在今生並沒有十全十美的東西。我自己寫文章，就常常追求完美的作品，我有一篇文章在三年前寫下的，在去年及今年再寫，每一次寫都不同，最近又發現有錯誤要改正。好像不可能達到完美，但我還是要尋求，好像要做到近乎完美。

剛才講到家庭，我曾聽過一句很好的說話：「一位完美的妻子不會期望有一位完美的丈夫（a perfect wife is someone who does not expect a perfect husband）。」我相信沈太很明白這個道理。倒過來說也一樣，一位完美的丈夫不會期望有一位完美的妻子。我們知道人不可能完美，所以我們需要饒恕，需要赦免，需要包容，需要彼此接納，同時我們都需要長進。赫桑（Charles Hartshorne, 1897-2000）對完美就有一個很聰明的處理辦法，他認為完美不是靜止的狀態，上帝可以持續不斷地完美，就是在每一個時刻比過往更加好，所以我們可以希望自己更加好，或者幫助別人更加好，我想這是做教師和同學應有的關係。

但對於我以上所講關於完美的說法，我又要做一個註腳，我曾經有接近完美的經驗。摺紙是我人生最接近完美的時刻。用哲學的話說，這是柏拉圖理型的呈現。摺紙多年令我達到接近完美的境界，但這只是雕蟲小技，是微不足道的小事。在過去三十多年，能夠接近這麼多好同事和同學，和你們一同慶祝，和一家參與，也是我們一生中接近完美的事情。多謝各位！

附錄二：Dr. Shen 自傳式電郵中譯文

按：本文原收錄於沈宣仁教授追思禮拜紀念文集，陳衍昌牧師所撰的〈另類通識持續教育補課〉一文的附錄，原文為英文，由作者翻譯成中文。

親愛的陳衍昌牧師：

多謝你的電郵訊息，以及你在《教聲》兩次寫到我。請恕我這麼晚才回覆。

你說我從來不說不真實的話是對的。我也有相似的原則：我從來不說自己不相信的話。還有一個相關的原則：永不寫或出版自己不喜歡閱讀的東西。因此，我雖然並非上好的作家，我也很努力經營每一句句子，並對自己寫出來未臻完美的著作、文章、甚至信件，作出無止境的修改。雖然寫作未讓我經歷完美；但摺紙是我經驗中最接近完美的事情。

談到完美，一般意謂「沒有改進的需要、意欲、甚或可能」，好像柏拉圖的理型。我不以這種完美名狀上帝，因為根據歷程神學（如赫桑所言），上帝的完美體現於祂不斷變得比前更為完美，祂持續地超越自身。這是有別於柏拉圖而又極有趣的動態完美觀。

我相信你把我跟龐德明主教相比，實在抬舉了我。跟他相交足以令我對他心生很大的敬意。我完全不像他，正如崇基學院第三任校長容啟東的觀察，我從來都不是個優秀的行政人員，所以我從沒擱在行政位置太久，也從沒享受過坐上這些位置。我也缺乏「牧者心腸」，若我真有這樣一副心腸，也是殘缺不堪的；不然，我會繼承父志，跟他一樣成為牧師。我不享受與人羣相處，對於選擇朋友和學生，也十分挑剔。我不喜歡愚蠢的人。但作為牧師，便不由你作主選擇，他或她一定得服侍所有來到他們面前的，或往最需要關懷的人那裏去。根據以上的條件考量，我父親絕對是一個好牧師。

至於我那份「童心」（不少朋友也留意到我這份特質），這大抵因為我自童年時已缺乏與人相處之故。我的父親管教甚嚴，從小不准我跟鄰居甚至同學混在一起，惟恐我學壞，沾染他們的不良習性。因此，我從沒有學曉「街頭古惑」伎倆，與書為伍多於跟人結伴。我成長的地方只在教堂之內，而我亦在學術機構裏差不多度過了整個人生，這包括求學時在學院和研究院的十四年，以及三十六年教學的生涯。或許以上種種，導致我與人相處總是過分天真，尤以當行政人員的時候；不過這亦讓我學會依靠祕書的協助與及接納同事的意見。

我只能夠慶幸地說，有賴上帝的恩典，我從沒有從我接觸的人們中經驗到任何真正的惡事。這或許因為家人和朋友對我的保護，至少包容我過於我所能覺察。崇基學院可說是促成我們這類人的獨特環境。我們在那裏快樂地工作及生活，養大兩個兒子，不用轉工直至退休。我相信我不能在別處「生存」，更遑論得到什麼成就。我能夠把作為教師應當做或需要做的做好，我真的已經樂在其中。因為被眾多的好學生（不是每一位也是基督徒）圍繞着，我感到自己蒙受祝福；不過，我也敏鋭地察覺到，我應該可以貢獻更多。我犯下應做而不做的罪，多於不應做而反去做的罪，而我需要的寬恕則更多。

以上我做了很多自傳式的反思，這是我從未曾寫下對自己的一些想法。不過因為你文中表示友善親切的關注，除卻感激之情外，更值得我給予忠實的回應……

沈宣仁

上帝的家書

——從創世到啟示的二十堂課

本書猶如博物館導賞團，嘗試把《聖經》的珍藏提綱挈領介紹給讀者；又如一趟直昇機之旅，帶領讀者從高空鳥瞰《聖經》從上游至下游的浩瀚景觀。盼望讀者閱畢，能夠更深明白、經歷到上主對自己，乃至對全人類的深情厚愛，因而與我一同向上主獻上深深的敬拜！

作者：楊詠嫦

褪色的天國子民

本書以〈彼得前書〉2章9節為主題，闡述「天國」「國民」「教育」的題旨，再展開四個部分的討論。讓讀者認識天國不是離我們遠的另一時空的概念，乃是在我們身邊，在我們文化中的探索。

作者：陳佐才等

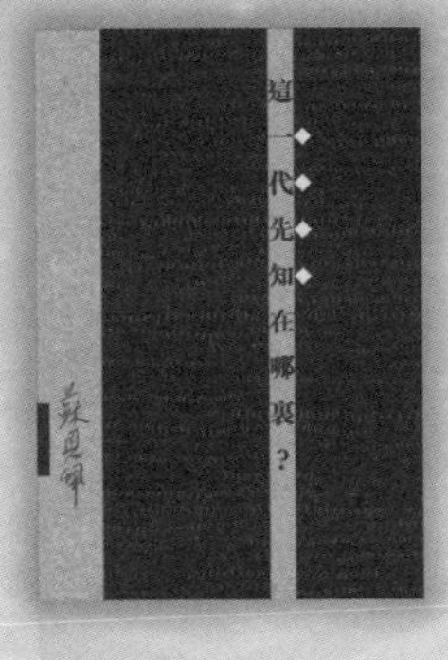

這一代先知在哪裏？

這是作者的文章結集，反映了她對這個城市、這一代的關注，對先知使命的醒覺。當中或有幾許戲劇情節的營造，或有「說教」的意味，都是對知識分子良心的有力拷問。

作者：蘇恩佩

假如耶穌在（大時代版）

相較社關意識及公共議題，福音派教會較喜歡談永生，高舉信耶穌得永生，以及個人家庭關係的和諧，無疑是把耶穌的要求降格了，它比較像是一個上天堂的保單，而不是一個邀請跟隨基督的呼召。

這曠野的呼聲不會喚醒那些假裝熟睡的人，卻仍希望可以挑戰一些肯思想、敢懷疑，不甘隨波逐流、願意活出信仰的人。

作者：馮煒文

生命逆轉

——聖經人物的第二曲線人生

人生是一場歷險，冒險是必然的，怕冒險的人本身也是在冒險的啊……

放心，你不是惟一的，自幾千年前開始，就有很多人走過這樣的路；他們願意與你分享那些苦難日子如何彷徨無助，如何走過憂患與低谷，從此脫胎換骨，成就更大的使命。

作者：梁永泰

書名	作者
上帝的家書——從創世到啟示的二十堂課	楊詠嫦
褪色的天國子民	陳佐才等
這一代先知在那裏？	蘇恩佩
假如耶穌在（大時代版）	馮煒文
生命逆轉——聖經人物的第二曲線人生	梁永泰
結連，一輩子	謝拉．凱利等
出發，為了歸來！	李錦洪
世代．跨界——遇見青春的一課	李錦洪
我愛丁堡	任志強
不要弄污大佬的西裝	陳競存
超時空教會——基督新教冷知識	區伯平
上帝在中國——基督教來華冷知識	區伯平